Jens Kilgenstein

Ist Google böse? Was die Suchmaschine über Sie weiß und wie Sie sich wehren können!

AF670622

Wichtiger Hinweis:
Alle in diesem Werk veröffentlichten Ratschläge und Verfahren wurden mit größter Sorgfalt von Verfasser und Verlag erarbeitet und geprüft. Trotzdem sind Fehler nicht ganz auszuschließen. Der Verlag und der Autor sehen sich deshalb gezwungen, darauf hinzuweisen, dass sie weder eine Garantie noch die juristische Verantwortung oder irgendeine Haftung für Folgen, die auf fehlerhafte Angaben zurückgehen, übernehmen können. Für die Mitteilung eventueller Fehler sind Verlag und Autor jederzeit dankbar. Gleiches gilt für Anregungen, Verbesserungsvorschläge, Erfahrungsberichte usw.
Mitteilungen senden Sie bitte per Kontaktformular welches unter folgender Internetseite erreichbar ist:
http://www.sei-nicht-naiv.de/kontakt

Internetadressen oder Versionsnummern stellen den bei Redaktionsschluss verfügbaren Informationsstand dar. Autor und Verlag übernehmen keinerlei Verantwortung oder Haftung für Veränderungen, die sich aus nicht von ihnen zu vertretenden Umständen ergeben. Eventuell beigefügte oder zum Download angebotene Dateien und Informationen dienen ausschließlich der nicht gewerblichen Nutzung. Eine gewerbliche Nutzung ist nur mit Zustimmung des Lizenzinhabers möglich.

Fehler und Ergänzungen, die dem Autor oder dem Verlag nach Drucklegung bekannt geworden sind, werden im Internet unter folgender Adresse veröffentlicht:
http://www.sei-nicht-naiv.de/nachtrag

Die Wiedergabe von Gebrauchsnamen, Warenbezeichnungen, Handelsnamen usw. in diesem Werk berechtigt auch ohne besondere Kennzeichnung nicht zu der Annahme, dass solche Namen im Sinne der Warenzeichen oder Markenschutz-Gesetzgebung als frei zu betrachten wären und daher von jedermann benutzt werden dürften.

Alle Rechte, insbesondere das Recht der Vervielfältigung und Verbreitung sowie der Übersetzung, vorbehalten. Kein Teil des Werkes darf in irgendeiner Form (z. B. durch Fotokopie, PDF oder ein anderes Verfahren) ohne schriftliche Genehmigung des Verlages reproduziert oder unter Verwendung elektronischer Systeme gespeichert, verarbeitet, vervielfältigt oder verbreitet werden.

Die Schreibweise entspricht den Regeln der neuen Rechtschreibung.

Presse- und Marketinganfragen senden Sie bitte per Kontaktformular, welches unter folgender Internetseite erreichbar ist:
http://www.sei-nicht-naiv.de/kontakt

Lektorat: Wolfgang Stiebling
Korrektorat: Ute Wendt
Herstellung: Bod GmbH, Norderstedt
Satz und Umschlaggestaltung: K&M
Umschlagfoto: © HaywireMedia / Fotolia
© 2011 Sven Kretschmann Mediamarketing, Rostock

Zur Herstellung wird nur säure-, holz- und chlorfreies Papier verwendet. Alterungsbeständig nach DIN-ISO 9706.

Printed in Germany.

ISBN-13: 978-3-9809567-8-9

Inhaltsverzeichnis

Tipp:
In den Fußnoten enthaltene URLs können Sie auf folgender Internetseite bequem als Hyperlinks abrufen:
► http://www.sei-nicht-naiv.de/fussnoten/

Vorwort

Einer der Grundsätze des Webgiganten aus dem kalifornischen Mountain View lautet „Don't be evil" (sinngemäß: „Tue nichts Böses"). Doch spätestens seit Einführung des Google-Zusatzdienstes Street View stellen sich viele Menschen die Frage, ob diese Aussage nicht als Statement, sondern vielmehr als Warnung an die User zu verstehen ist.

Street View löste vor allem deshalb bei vielen Menschen Unbehagen aus, weil die Vorgänge um das Projekt einfach zu verstehen waren. Wenn das eigene Haus fotografiert und ins Internet gestellt wird, versteht das auch derjenige, der mit Technik wenig am Hut hat. Bei der Profilbildung beim Surfen und Arbeiten im Internet gibt es diese offenkundige Transparenz leider nicht. Dort hat es Google geschafft, auf fast jeder Internetseite zumindest indirekt mitzulauschen. Das ermöglicht dem Konzern nicht nur - wie bei Street View - einen Blick von außen auf die Fassade. Vielmehr holen wir ihn uns selbst, als permanenten Begleiter, in unser Haus. Nur bemerken wir den ungebetenen Gast selten, da er meistens sehr dezent agiert.

Das vorliegende Buch soll nicht als grundsätzliches Plädoyer gegen die Nutzung der Google-Dienstleistungen verstanden werden. Vielmehr soll es ein Verständnis dafür wecken, was Google über Sie weiß und wie Sie sich - falls gewünscht - seinem Einfluss entziehen können. Zögern Sie nicht, das eingangs erwähnte Firmenmotto kritisch zu hinterfragen: Don't be evil? - Don't be naive!

Kapitel 1
Datenkrake Google?

Wer im Internet etwas sucht, greift meistens auf Google zurück. Statistiken zeigen, dass Google im deutschsprachigen Raum über 90 Prozent Marktanteil erreicht[1]. Der Begriff „googeln" wird mittlerweile als Synonym für die Websuche im allgemeinen Sprachgebrauch verwendet und wurde bereits im Jahre 2004 im Rechtschreib-Duden aufgenommen. Der Erfolg gibt Google recht: Die Bedienung ist einfach, das Layout minimalistisch, die Sortierung der Suchergebnisse zielführend. Die hinter der Suchmaschine stehende Firma Google Inc. bietet darüber hinaus zahlreiche Dienstleistungen an, wie etwa YouTube (Videoportal), Maps (Kartendienst und Routenplaner) oder Google Mail (E-Mail-Dienst). Google gilt heute als eine der teuersten Marken der Welt und beschäftigt über 20.000 Mitarbeiter.

Mittlerweile ist es aufgrund der Vielzahl der Google-Dienste und –Produkte schwierig geworden, den Überblick über die zahlreichen Aktivitäten des Webgiganten zu behalten. Nachfolgend finden Sie eine kleine Auswahl von mehr oder weniger bekannten Anwendungen aus dem Google-Universum:

- **Google Health:** elektronische Patientenakte
- **Google Art Project:** Virtueller Rundgang durch bedeutende Museen.
- **Google Checkout:** Online-Bezahlsystem
- **Knol:** Online-Enzyklopädien ähnlich wie Wikipedia, jedoch bestehend aus vielen Einzelbeiträgen zu einem Thema.
- **orkut:** Soziales Netzwerk, das hauptsächlich in Brasilien und Indien populär ist.
- **Text & Tabellen:** Webanwendung zur Textverarbeitung, Tabellenkalkulation, Präsentation, Erstellung von Formularen und Erstellen von Zeichnungen.
- **Google Talk:** Instant-Messaging-System
- **Google Reader:** Online-Feedreader

1. 93,7 %, Stand: 30.03.2011 (Mittelwert über letzte 7 Tage): http://www.webmasterpro.de/portal/webanalyse-suchmaschinen-marktanteile.html

- **Blogger.com:** Blog-Hostingdienst
- **Google Sites:** Homepage-Baukasten
- **Google Mail:** E-Mail-Dienst
- **Google Chrome:** Webbrowser
- **Google Desktop:** Software, um den heimischen PC zu durchsuchen.
- **Google Chrome OS:** Auf dem hauseigenen Webbrowser Chrome basierendes Betriebssystem, bei dem persönliche Dateien in der Cloud gespeichert werden.
- **Android:** Betriebssystem für Mobiltelefone.
- **Google Latitude:** Handy-Ortungsdienst
- **Google TV:** Verschmelzung von TV und Web auf Basis des Google-Betriebssystems Android.

Das Faszinierende an all diesen tollen Dienstleistungen ist, dass sie quasi ausnahmslos kostenlos nutzbar sind. Zumindest auf den ersten Blick, denn wirklich kostenlos sind sie natürlich nicht. Google generiert den Großteil seines Umsatzes mit Werbung, der auf eigenen oder fremden Websites platziert wird. Der Konsument bezahlt die Dienste also damit, dass er es hinnimmt, dass ihm Werbeanzeigen eingeblendet werden. An sich ist das nicht verwerflich. Im Gegenteil, es handelt sich um ein legitimes Geschäftsmodell, was auch außerhalb des Internets vielfach praktiziert wird. Problematisch ist allerdings, in welchem Umfang Google Daten aufzeichnet und speichert. Im Verhältnis zu klassischer Werbung gibt es nämlich gravierende Unterschiede. Wer im Fernsehen oder in Zeitschriften Werbung schaltet, kann die Zielgruppe lediglich erahnen. Individuelle Daten über den Konsumenten können nicht erhoben werden. Google hingegen könnte durch sein Netzwerk Ihre Interessen exakt bestimmen: Wonach haben Sie gesucht, welche Videos haben Sie angesehen, welche Websites haben Sie besucht? Im Ergebnis sind präzise Benutzer- und Interessenprofile möglich, die einem Schlaraffenland für Werbetreibende und auch Strafverfolgungsbehörden gleichen.

Technisch wird die virtuelle Überwachung mithilfe von Protokolldaten und Cookies realisiert. Google beschreibt die Vorgehensweise in seinen Datenschutzbestimmungen[2] wie folgt:

2. http://www.google.de/intl/de/privacypolicy.html (Stand: 03. Oktober 2010).

„Wenn Sie über einen Browser, eine Anwendung oder eine sonstige Client-Software auf Google-Services zugreifen, speichern unsere Server automatisch bestimmte Informationen. Diese Serverprotokolle können folgende Informationen enthalten: Ihre Webanfrage, Ihre Interaktion mit einem Service, Ihre IP-Adresse (Internet Protocol Adresse), den Browsertyp, die Sprache des Browsers, Datum und Zeitpunkt Ihrer Anfrage sowie ein oder mehrere Cookies, die Ihren Browser oder Ihr Konto eindeutig identifizieren. "

Google kann also all das speichern, was es auf dem silbernen Tablett serviert bekommt:

- Webanfrage: Wonach haben Sie gesucht?
- Ihre Interaktion mit einem Service: Z. B. worauf haben Sie geklickt?
- IP-Adresse: Eindeutiges Identifizierungsmerkmal, auch für Strafverfolgungsbehörden.
- Browsersprache / Browsertyp: Zusätzliches Identifizierungsmerkmal
- Datum und Zeitpunkt: Wann haben Sie interagiert?
- Cookies: Mindestens ein Cookie mit individueller Identifikationsnummer (Cookie-ID)

Prinzipiell gilt der Grundsatz, dass ein einzelner Anbieter nur das Surfverhalten innerhalb seiner eigenen Website verfolgen kann. So weiß zwar auch beispielsweise Amazon exakt, was seine Stammkunden lesen oder für Musik hören. Allerdings hat der Versandriese keinen blassen Schimmer, was die User außerhalb des Shops treiben. Google hingegen versucht diese Wissenslücke durch unzählige Services zu schließen. In den Datenschutzbestimmungen konnten wir lesen, dass die Aufzeichnung bei allen Zugriffen auf Produkte, Services und Websites von Google stattfinden kann. Das bedeutet, dass neben der Suchmaschine auch alle anderen Dienste wie Mail oder YouTube fleißig speichern könnten. Doch damit nicht genug. Google hat sich auch in vielen Websites eingenistet, die auf den ersten Blick überhaupt nichts mit dem Konzern zu tun haben, gleichwohl aber als Datenlieferant dienen können. Geködert werden die Webmaster vor allem mit den Diensten Analytics und AdSense.

- **Google Analytics** sammelt mithilfe von Cookie und JavaScript-Code Daten über die Besucher einer Website und macht diese dem Betreiber zugänglich. Dazu gehören Informationen wie die Anzahl der Besucher, Herkunft oder

Verweildauer[3]. Für den Betreiber ist der Dienst kostenlos[4]. Was Google mit diesem Datenkonglomerat anstellt, um es zu Geld zu machen, ist selbst deutschen Datenschutzbehörden unbekannt[5]. Nachvollziehen, welche Websites Analytics oder andere Statistiksoftware konkret verwenden, können Sie übrigens recht einfach mithilfe der Firefox-Erweiterungen Ghostery[6], TrackerBlock[7] oder Counterpixel[8].

- **Google AdSense** ermöglicht es dem Betreiber, eine für die Website thematisch passende Werbung einzublenden. Das Einblenden von Werbung ist auf fast allen Seiten üblich, da es meistens die alleinige Finanzierungsquelle darstellt. Entsprechend hoch ist der Verbreitungsgrad.

Google hat damit geschafft, Abertausende konzernfremde Seiten als Datenlieferant in sein Netzwerk zu integrieren. Doch auch das reichte nicht. Im Jahre 2007 vereinbarte Google den Kauf des weltweit größten Online-Werbevermarkters DoubleClick. Google ließ sich den Erwerb stolze 3,1 Milliarden US-Dollar kosten. Warum? Unglaublich viele kommerzielle Websites arbeiten mit DoubleClick zusammen. Und bei jedem Aufruf einer Webseite, die ein DoubleClick-Angebot beinhaltet, wird ein Cookie gesetzt bzw. aktualisiert[9]. Dadurch erfährt DoubleClick, welche Seite der Nutzer aufruft. Kombiniert mit den Daten aus den Google-Diensten, könnten nun riesige Mengen an Informationen über das Surfverhalten der Internet-Nutzer in die Hände eines Konzerns geraten[10]. Der Bundesdatenschutzbeauftragte Peter Schaar brachte es in der Internetausgabe der Wochenzeitung „Die Zeit" auf den Punkt: „Durch das

---

3. Im Mai 2010 veröffentlichte Google, nach anhaltender Kritik von Datenschützern, eine Erweiterung für diverse Browser, welches die Datenübermittlung an Analytics unterbinden soll. Ferner können Webmaster optional vorgeben, dass nur ein Teil der IP-Adresse gespeichert wird (vgl. http://conversionroom-de.blogspot.com/2010/05/groere-auswahl-und-transparenz-fur.html). Dieser Lösungsansatz überzeugt nicht, da der User bzw. Webmaster von sich aus aktiv tätig werden muss – bei Untätigkeit wird wie bisher weitergesammelt.
4. http://www.google.com/support/analytics/bin/answer.py?hl=de&answer=55543
5. https://www.datenschutzzentrum.de/presse/20080807-google-analytics.htm
6. Ghostery ermöglicht zusätzlich ein individuelles Blockieren der Tracking-Dienste: https://addons.mozilla.org/de/firefox/addon/9609
7. https://addons.mozilla.org/de/firefox/addon/trackerblock/
8. http://jan.bogutzki.de/counterpixel
9. http://www.google.com/doubleclick/privacy/
10. Microsoft-Chefjurist Brad Smith konstatierte im „Wall Street Journal", Google und DoubleClick würden zusammen mehr als 80 Prozent der Werbung umschlagen: http://www.spiegel.de/wirtschaft/0,1518,477365,00.html

Zusammengehen entsteht eine Datenbank, die weltweit ihresgleichen sucht."[11] Dass die Omnipräsenz von Google kein bloßes Hirngespinst ist, beweist eine Studie der Universität Berkley. Sie kam zu dem Ergebnis, dass 92 der Top 100-Webseiten im Auftrag von Google Informationen sammeln. Eine weitere Stichprobe ergab, dass von 400.000 Webseiten über 84% Tracking-Dienste aus dem Google-Konzern verwenden[12].

Für Eric Schmidt, den CEO von Google, ist der bisherige Stand lediglich eine Betaversion. In einem Interview mit der Financial Times bemerkte er, dass Google bei der Sammlung personenbezogener Daten erst am Anfang stehe. Nach Schmidts „Vision" soll die Überwachung so ausgefeilt sein, dass Google irgendwann Fragen wie „Womit soll ich mich morgen beschäftigen" oder „Welchen Job soll ich machen?" beantworten kann. Trocken konstatiert er: „Wir können noch nicht einmal die grundlegendsten Fragen beantworten, weil wir zu wenig über Sie wissen. Das ist der wichtigste Aspekt von Googles Expansion"[13].

Immer mehr von den Benutzern zu erfahren, ist also nichts anderes als eine unumgängliche Notwendigkeit bei der Expansionsstrategie der Aktiengesellschaft. Offenkundig werden allerdings die wenigsten Anwender dazu bereit sein. Als Konsequenz wird Google für zusätzlichen Informationsfetzen, die es von seinen Benutzern haben möchte, weitere Angebote starten müssen. Die fast schon grotesk anmutende Vielzahl der eingangs aufgeführten Dienste ist insofern nichts weiter als ein Baustein der Expansionsstrategie. Googles Wachstumschancen werden vor allem von der Innovationsquantität und Qualität auf diesem Sektor abhängen. Daten-Prostitution der Anwender ist dabei eine notwendige Voraussetzung, denn die auf einzelner Surfer zugeschnittene Werbung ist fast die einzige Einnahmequelle des Web-Giganten.

Folgerichtig wünscht sich auch Vizepräsidentin Marissa Mayer, dass Google eines Tages eine Art bester Freund ist, der wie das reale Vorbild auch intimste Details kennt. In einem Interview mit der Schweizer Zeitung SonntagsBlick erklärte sie auf die Frage, wie sie die Internet-Suche verbessern will: „Indem wir die User dazu animieren, mehr von sich preiszugeben, mehr Daten hochzuladen. Je mehr Informationen im Netz verfügbar sind, desto besser werden die Suchresultate". Dabei gibt sie freimütig zu, dass Google mit dieser Strategie gutes Geld verdient: „Auf diese Art fließt viel Geld. Mit

11. http://www.zeit.de/online/2008/11/uebernahme-google-doubleclick
12. http://knowprivacy.org/full_report.html
13. http://www.ft.com/cms/s/2/c3e49548-088e-11dc-b11e-000b5df10621,dwp_uuid=e8477cc4-c820-11db-b0dc-000b5df10621.html

diesem Geld wiederum können wir Software wie „Google Earth" gratis anbieten"[14]. Zweifel, ob der Zweck die Mittel heiligt, stellen sich bei dieser Betrachtungsweise scheinbar erst gar nicht.

Still und leise schlingt der Datenkrake seine Arme um die ganze Welt. Mittlerweile ist es fast unmöglich, Google-Servern aus dem Weg zu gehen. Zu vielfältig sind die Quellen, aus denen Google dank seiner zahlreichen Dienste schöpfen kann. Zu Recht bezeichnete eine Studie der TU Graz Google als weltgrößte Detektivagentur[15]. Das Problem ist nur, dass niemand weiß, wer die Daten der „Detektei Google" letztlich anzapft. Wenn wir Glück haben, nutzt der Konzern sie lediglich, um individualisierte Werbung anzuzeigen. Alle Beteuerungen, personenbezogene Daten nur nach ausdrücklicher Zustimmung weiterzugeben, setzen blindes Vertrauen in eine gewinnorientierte Firma voraus. Google weist den Nutzer in der Datenschutzbestimmung gleich darauf hin, dass auch „Tochtergesellschaften, Partnerunternehmen oder andere vertrauenswürdige Unternehmen oder Personen" personenbezogenen Daten zur Verfügung gestellt werden können. Auch dadurch kann Missbrauch Tür und Tor geöffnet werden. Das gilt umso mehr, da Datenschutzgesetzte wie in Deutschland in den USA sowieso unbekannt sind bzw. als überflüssig angesehen werden.

Dass einmal vorhandene personenbezogene Daten plötzlich auch in einem ganz anderen Kontext interessant werden können, zeigt folgender Fall: Der MTV-Mutterkonzern Viacom hatte gegen YouTube geklagt, da dort fortwährend urheberrechtlich geschützte Werke abrufbar waren. Zur Berechnung des Schadenersatzes ist es notwendig zu wissen, wie häufig die rechtsverletzenden Inhalte tatsächlich angesehen wurden. Also beantragte Viacom kurzerhand die Herausgabe **aller** aufbewahrten Protokolldaten - und hatte damit Erfolg[16]. Die Anweisung des New Yorker Gerichts beinhaltete die Herausgabe von IP-Adressen, Zeitpunkten des Aufrufs, Identifizierungsnummern sowie gegebenenfalls der Log-in-Namen. Erst nach heftiger medialer Kritik ließ sich Viacom darauf ein, dass Google nur die Nutzungsdaten, nicht aber die persönlichen Daten der Nutzer zur Verfügung stellt[17]. Dennoch belegt dieser Fall eindeutig: Erst durch das Horten personenbezogener Daten wurden Begehrlichkeiten Fremder geweckt. Sind die Daten erst einmal erhoben, ist die Wahrscheinlichkeit groß, dass sie irgendwann auch genutzt werden.

---

14. http://www.blick.ch/life/digital/google-soll-mit-der-zeit-ihr-bester-freund-werden-75772
15. Report on dangers and opportunities posed by large search engines, particularly Google, Hermann Maurer u. a., S. 83, http://www.iicm.tugraz.at/iicm_papers/dangers_google.pdf
16. http://www.heise.de/newsticker/meldung/Google-muss-YouTube-Logfiles-an-Viacom-herausgeben-183355.html
17. http://www.youtube.com/blog?entry=AnA3ulGpWsE

Beide beteiligten Firmen versuchten übrigens die Auswirkungen mit dem Argument kleinzureden, dass die IP-Adresse allein nicht zur Aufdeckung der Identität führt[18]. Das klingt zunächst plausibel, solange kein automatisierter Abgleich mit anderen gespeicherten Daten stattfindet. Mit menschlicher Intelligenz lassen sich aber auch ohne IP-Adressen die Urheber anonymer Suchanfragen identifizieren. Das zeigt ein anderes Beispiel: Im Jahr 2006 hatte AOL Millionen Suchanfragen seiner Kunden im Netz veröffentlicht. Die User wurden mit einer Nummer anonymisiert, nur das Suchdatum, der Suchbegriff und die danach angeklickte Seite waren angegeben. Der Benutzer mit der Nummer 4417749 suchte nach Begriffen wie "numb fingers", "60 single men" oder "dog that urinates on everything". Journalisten gelang es spielend, die Person allein durch die Analyse der Begriffe ausfindig zu machen[19]. Dieser Fall beweist, dass das Mitloggen der IP-Adresse keinesfalls zwingend notwendig zur Entanonymisierung ist. Das Speichern der Suchanfrage an sich birgt genügend Risiken und ist deshalb abzulehnen.

Zu eventuellen Datenlecks und zivilrechtlichen Scharmützeln gesellen sich schließlich noch staatliche Begehrlichkeiten. Die Google-Datenschutzbestimmungen erachten die Offenlegung personenbezogener Daten als angemessen, um „Anordnungen in gerichtlichen Verfahren oder durchsetzbaren behördlichen Anordnungen nachzukommen". Im Klartext heißt das: Der umfangreiche Datenpool wird im Zweifel staatlichen Organen zugänglich gemacht. Jedem sollte klar sein, dass staatliche Ermittler früher oder später auf diesen Fundus zugreifen werden. Google selbst räumte ein, deutsche Behörden 458 mal mit Nutzerinformationen allein im Jahr 2009 bedient zu haben[20]. Möglicherweise mit dramatischen Folgen für die Betroffenen. Schon ein (falscher) Verdacht kann zu tief greifenden Maßnahmen wie Observationen und Wohnungsdurchsuchungen führen. Dabei liegt es in der Natur der Sache, dass mit zunehmenden Datenbergen auch zunehmend Verdachtsmomente entstehen. Gerade der Staat mit seinem Gewaltmonopol verfügt über ein bedrohliches Potenzial.

So wurde beispielsweise das BKA auf einen Soziologen aufmerksam, weil er im Rahmen seiner Forschung im Internet nach Begriffen recherchierte, die auch im Bekennerschreiben einer kriminellen Vereinigung auftauchten. Er wurde ein Jahr lang observiert, sein Haus videoüberwacht und seine Wohnung verwanzt. Schließlich wurde er verhaftet und saß mehrere Wochen in einer Einzelzelle in

---

18. http://www.nytimes.com/2008/07/04/technology/04youtube.html?_r=1&em&ex=1215230400&en=3420440712817131&ei=5087%0A
19. http://www.nytimes.com/2006/08/09/technology/09aol.html
20. http://www.google.com/governmentrequests/

Untersuchungshaft[21].

Wie gesagt, der Vorfall ereignete sich nicht in diktatorisch regierten Staaten, sondern im Rechtsstaat Deutschland. Insofern sollte man es sich gut überlegen, etwa im wissenschaftlichen Kontext über al-Qaida zu recherchieren, ohne die nachfolgend diskutierten Möglichkeiten zur Anonymisierung zu verwenden[22].

Google selbst unterliegt übrigens dem USA PATRIOT Act, dem Anti-Terror-Gesetz, das der US-Kongress kurz nach dem Anschlag auf das World Trade Center erließ[23]. Danach ist die Firma verpflichtet, den Behörden vorhandene Informationen zur Verfügung stellen – auch ohne die betroffenen Personen zu informieren. Ausländische Behörden können mit den Daten übrigens durchaus etwas anfangen: Sie können den Nutzer im Wege der Rechtshilfe durch den deutschen Provider identifizieren lassen. Bei angemeldeten Nutzern von Google Mail, dürfte in den meisten Fällen auch anhand der hinterlegten Daten eine Identifizierung möglich sein. US-Regierungsbehörden könnten die hieraus gewonnen Information etwa für Flugverbotslisten oder Terrorverdachtslisten verwenden. Bekannt gewordene Konzernaktivitäten, wie etwa eine Kooperation mit der NSA (größte nationale Sicherheitsbehörde der Vereinigten Staaten)[24], wirken in diesem Zusammenhang zusätzlich beunruhigend.

Wie kann man sich wehren?

Das Erschweren bzw. Verhindern der Profilbildung erfordert Ihre aktive Mitarbeit und ist teilweise mit Komforteinbußen beim Surfen verbunden. Deshalb müssen Sie bei allen Aktivitäten im Internet abwägen, welche Priorität Sie Ihrem Bedürfnis nach Anonymität und Sicherheit einräumen. Nachfolgend finden Sie drei verschiedene Ansätze, mit denen Sie den Diensten von Google aus dem Weg gehen können:

21. Siehe z. B. http://www.taz.de/index.php?id=start&art=3471&id=deutschland-artikel&cHash=5218eee73a, sehenswert auch die Schilderungen des Betroffenen in einem Video, abrufbar unter http://streamcastmedia.eu/rbb/abendschau/2007/11/20071129_inter.flv
22. Ebenfalls beängstigend ist ein Durchsuchungsbefehl, dessen Begründung u. a. darauf beruht, dass der Beschuldigte im Internet nach dem Begriff „Dussmann“ recherchiert hat: http://www.taz.de/1/archiv/archiv/?dig=2007/05/15/a0059
23. http://www.20min.ch/digital/dossier/google/story/28073441
24. http://www.washingtonpost.com/wp-dyn/content/article/2010/02/03/AR2010020304057.html

1. Datensparsame Suchmaschinen verwenden: Wer die Google-Suchseite ansteuert, vertraut dem magischen Einwurfschlitz unzählige seiner intimsten Gedankengänge an. Verhindern können Sie das, in dem Sie eine oder mehrere Suchmaschinen der Konkurrenz ansteuern. Allerdings sollten Sie nur solche Alternativen verwenden, die keine Profilbildung à la Google betreiben. Als angenehmen Nebeneffekt unterstützen Sie nicht mehr das Quasi-Monopol des Suchgiganten und kommen vielleicht sogar in den Genuß besserer Suchergebnisse[25].

2. Den Browser absichern: Die Aufzeichnungen der Google-Dienste werden vor allem durch den Einsatz aktiver Inhalte und von Cookies gespeist. Aktive Inhalte können zuverlässig mit Erweiterungen wie NoScript geblockt werden. JavaScript, wie es z. B. von Analytics verwendet wird, wird dadurch erst gar nicht ausgeführt. Vor den Cookies sind Sie natürlich sicher, wenn Sie generell das Speichern im Browser verbieten. Viele Anwender erlauben allerdings zunächst Cookies und lassen sie automatisiert beim Schließen des Browsers löschen. Die verschiedenen Eingriffsmöglichkeiten im Browser mit und ohne Erweiterungen werden in den entsprechenden Kapiteln ausführlich diskutiert.

3. Anonymisierungsdienste verwenden: Anonymisierer wickeln stellvertretend Ihre Datenkommunikation ab, ohne Ihre IP-Adresse zu übermitteln. Teilweise werden vorkonfigurierte Browserprofile angeboten, die Ihnen sämtliche Konfigurationsarbeit (und damit auch das Risiko etwas zu vergessen) abnehmen. Leider sind Anonymisierungsdienste nur zum Teil kostenlos.

25. Denn meistens schaut man sich nur die Suchergebnisse auf den vorderen Plätzen an. Gerade bei diffizilen Fragestellungen sollte man jedoch niemals nur den Such-Algorithmus einer Suchmaschine blindes Vertrauen schenken, vgl. auch http://www.benedelman.org/hardcoding/

Kapitel 2
Datensparsame Suchmaschinen verwenden

Ein erster Ansatzpunkt ist es, die Google-Suche einfach nicht mehr zu benutzen. Zwar kann man auf diesem Wege nicht vollends vermeiden, versteckten Datenlieferanten des Google-Netzwerks zu begegnen. Dennoch lässt die Profilbildung schon einmal erheblich erschweren. Der kleinste Schritt ist deshalb, für Recherchen grundsätzlich verschiedene Suchmaschinen wie Bing, Fireball oder Exalead zu verwenden, und zwar am besten abwechselnd. Das Problem dabei: Auch diese Anbieter sammeln munter Daten und sind insofern kaum einen Deut besser als der Platzhirsch. Lediglich die Nutzung der gewonnenen Informationen erfolgt aufgrund fehlender Marktmacht lange nicht so effizient wie innerhalb des Google-Konzerns. Sinnvoller erscheint es deshalb, vorrangig sog. **datensparsame Suchmaschinen** zu verwenden. Diese zeichnen sich dadurch aus, dass sie grundsätzlich möglich wenig Informationen über die Nutzer speichern bzw. gespeicherte Daten zeitnah löschen. Manche Anbieter wickeln darüber hinaus die Kommunikation über eine verschlüsselte Verbindung ab (siehe Seite 45). Leider variiert der Umfang des praktizierten Datenschutzes und der Qualität der Suchergebnisse erheblich. Schauen wir uns deshalb die einzelnen Anbieter einmal genauer an:

Ixquick

Ixquick[26] ist eine sogenannte Metasuchmaschine. Das bedeutet, sie besitzt keinen eigenen Suchindex, sondern leitet eine Suchanfrage an mehrere andere Suchmaschinen weiter. Die Suchergebnisse werden ausgewertet und neu kombiniert. Berücksichtigt werden allerdings nur die besten 10 Treffer jeder Suchmaschine. Je häufiger das Suchergebnis unter den zehn ersten Resultaten auftaucht, desto höher wird es bewertet. Theoretisch sollen dadurch Unzulänglichkeiten einzelner Suchmaschinen ausgeglichen werden. Unter den abgefragten Suchmaschinen befinden sich Größen wie Altavista oder Excite. Google wird leider nicht berücksichtigt.

26. https://www.ixquick.com/deu/

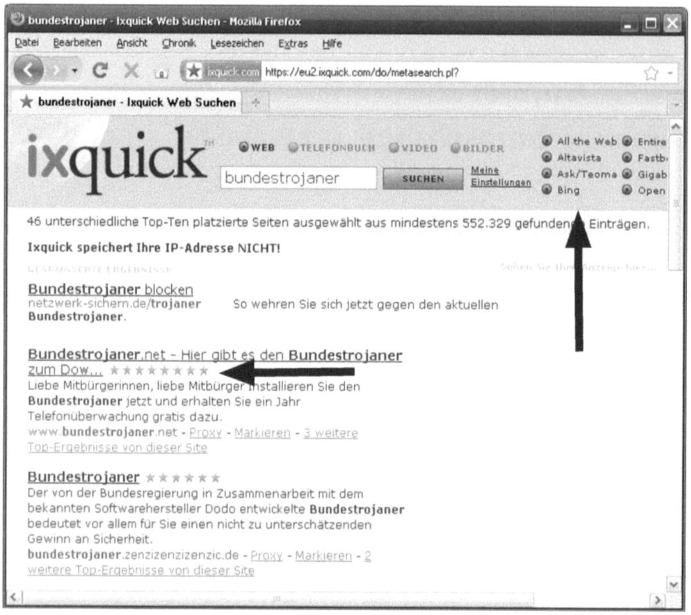

Abb. 1: Für jeden Treffer in einer der angefragten Suchmaschinen zeigt Ixquick neben dem Suchergebnis einen Stern an. Rechts oben können Sie auswählen, welche Suchmaschinen berücksichtigt werden sollen.

Ixquick verzichtet völlig auf eine dauerhafte Speicherung der IP-Adressen. Anonymisierte Protokolldaten (z. B. Statistiken, Suchanfragen) werden erhoben, jedoch spätestens nach 48 Stunden gelöscht. Es werden anonyme Cookies gesetzt, die Informationen über die Sucheinstellungen und den Suchbegriff enthalten. Die Umsetzung der Datensparsamkeit wurde extern zertifiziert und durch die Verleihung des Europäischen Datenschutzgütesiegels gewürdigt[27]. Die Kommunikation ist über eine verschlüsselte Verbindung möglich. Die Server befinden sich in den Niederlanden und den USA. Als Besonderheit bietet Ixquick eine integrierte Proxy-Funktion an. Hierzu findet sich unter jedem Suchergebnis ein Link mit der Aufschrift „Proxy". Klickt man auf diesen, wird die Seite von Ixquick vorgeladen und öffnet sich in einem neuen Fenster. Allerdings ist die Funktionalität der vorgeladenen Seiten teilweise eingeschränkt, da Formulare mit Texteingaben und JavaScript nicht funktionieren. Dafür werden aber keinerlei persönliche Daten an die Zielseite weitergegeben, da Ixquick als Stellvertreter fungiert. Dass dies tatsächlich der Fall ist, können Sie leicht nachvollziehen, indem Sie selbst einen Anonymitätstest (z. B. Anontest) aufrufen. Die Proxy-Funktion bietet zwar nicht die Sicherheit eines verteilten Anonymisierungsnetzwerks, ist aber durch die direkte Integration in die

27. https://www.datenschutzzentrum.de/presse/20090128-europrise-ixquick.htm

Suchmaschine zumindest eine komfortable Alternative für Gelegenheitsnutzer.

Ixquick finanziert sich mit Werbeeinblendungen und arbeitet in diesem Zusammenhang ausgerechnet mit Google AdSense zusammen. Nun stellt sich natürlich die Frage, ob Google über die Hintertür der „gesponserten Ergebnisse" mitlauschen kann. Und tatsächlich werden neben der Suchanfrage individualisierte Daten an Google übertragen: eine anonymisierte IP-Adresse und die Länderkennung. Bei jeder Anfrage wird die IP-Adresse mithilfe eines Schlüssels zu einer Nutzer-Identifikationsnummer umgewandelt. Der Schlüssel ist nur Ixquick bekannt und wird regelmäßig gewechselt und danach gelöscht. Zusätzlich wird die Länderkennung übermittelt, um passende Werbung einblenden zu können. Google AdSense wird also nur eine abstrakte Nummer und das Herkunftsland übermittelt, was vertretbar erscheint. Zur Profilerstellung tragen die spärlichen Informationen jedenfalls nicht bei.

Metager und Metager2

MetaGer[28] und Metager2[29] sind ebenfalls Metasuchmaschinen, d. h., auch sie greifen auf die Suchergebnisse anderer Suchmaschinen zurück und bewerten diese. Metager2 weist eine zusätzliche Besonderheit auf: Sie verlässt sich nicht allein auf die Suchergebnisse der anderen Suchmaschinen, sondern lädt selbst die Inhalte der Originalseiten und überprüft sie. Hierdurch kann sie nicht mehr existierende oder geänderte Seiten erkennen und aussortieren. Diese Echtzeitüberprüfung ist ein Vorteil gegenüber normalen Suchmaschinen, die Websites nur sporadisch durchsuchen. Leider verzögert sich die Beantwortung einer Suchanfrage dadurch spürbar.

28. https://metager.de/
29. http://metager2.de/

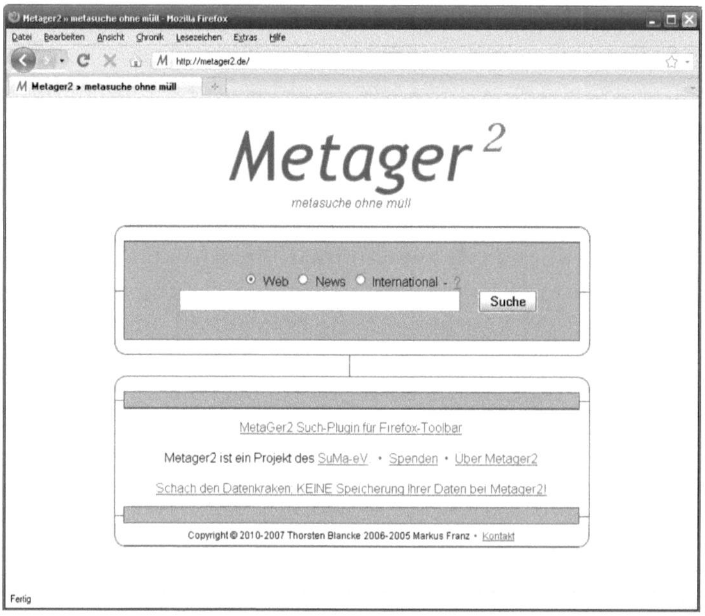

Abb. 2: Die Startseite von Metager2

MetaGer und Metager2 speichern weder IP-Adressen noch andere personenbezogene Daten[30]. Cookies werden nicht gesetzt. Die Server befinden sich ausschließlich in Deutschland. Eine verschlüsselte Verbindung wird nur für MetaGer angeboten, nicht jedoch für Metager2. Auch diese beiden Betreiber versuchen, ihre Unkosten durch Werbung zu refinanzieren. Doch im Gegensatz zu Ixquick werden sowohl bei MetaGer und Metager2 grundsätzlich keinerlei User-Daten an die Werbelink-Betreiber übermittelt.

Scroogle

Scroogle[31] ist eine Internetseite, auf der man die Google-Suchmaschine anonym nutzen kann. Hierzu wird die Suchanfrage nicht direkt an Google, sondern stellvertretend über die Server von Scroogle geleitet, die ausschließlich ihre IP-Adresse übermitteln. Bevor Scroogle die Suchergebnisse anzeigt, werden der Identifikations-Cookie und eventuell vorhandene Werbeanzeigen entfernt.

30. http://metager2.de/technology.php
31. https://ssl.scroogle.org/scrapde8.html

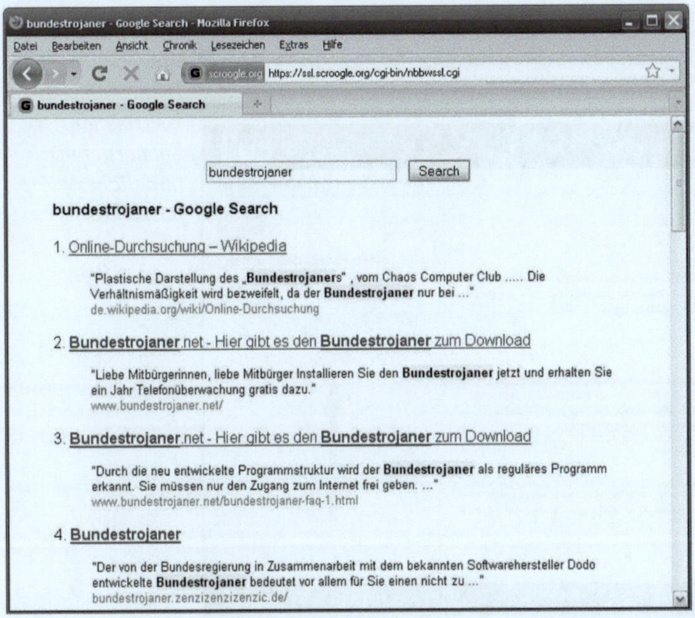

Abb. 3: Das puristische Design von Scroogle.

Scroogle selbst speichert keine IP-Adressen und Suchanfragen und setzt keine Cookies. Protokolldaten werden innerhalb von 48 Stunden gelöscht. Die Kommunikation ist über eine verschlüsselte Verbindung möglich. Leider wird nur die Websuche angeboten, d. h., eine Suche nach Bildern, Videos oder News ist nicht möglich.

Cuil

Die Suchmaschine Cuil[32] (ausgesprochen wie cool) bietet als Besonderheit neben den eigentlichen Suchergebnissen Unterkategorien an, die den Suchenden interessieren könnten.

32. http://www.cuil.com/

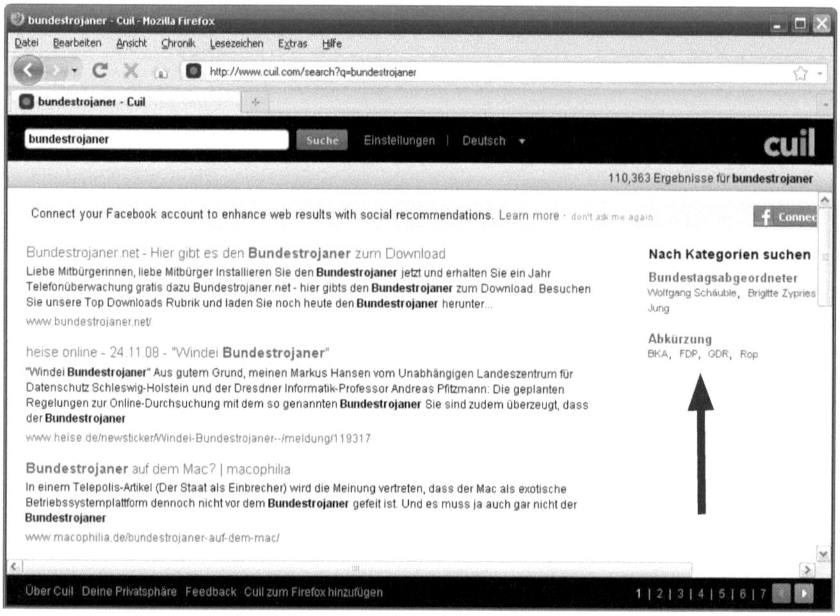

Abb. 4: Cuil versucht zusätzlich zum klassischen Suchergebnis (möglicherweise) passende Kategorien zuzuordnen.

Cuil speichert weder IP-Adressen noch andere personenbezogene Daten. Für Voreinstellungen (z. B. Sprache) wird ein Cookie gesetzt, die in einem „preferences panel“[33] eingesehen werden können. Cuil finanziert sich durch Werbeeinblendungen. Leider werden beim Anklicken personenbezogene Daten wie die IP-Adresse, Browsertyp und der Suchbegriff an den Sponsor übermittelt. Allerdings lässt sich dieses ebenfalls im Preferences Panel deaktivieren. Eine verschlüsselte Kommunikation wird nicht angeboten.

DuckDuckGo

Die Suchmaschine mit etwas gewöhnungsbedürftigem Namen DuckDuckGo[34] wartet sowohl konzeptionell als auch inhaltlich mit durchaus innovativen Ansätzen auf. Im Vergleich zu den etablierten Suchmaschinen versucht DuckDuckGo vor allem zwei selbst gesteckte Ziele zu erreichen: Zum einen soll die Qualität der Suchergebnisse dahin gehend verbessert werden, dass Artikel sog. Content Farmen unberücksichtigt bleiben. Zum anderen akzeptiert der Anbieter uneingeschränkt die Privatsphäre seiner Nutzer und speichert laut eigener Aussage keine personenbezogenen Daten.

33. http://www.cuil.com/info/privacy/
34. https://duckduckgo.com/?kl=de-de

Die Suchergebnisse speisen sich aus einem Zusammenspiel bekannter Such-APIs (z. B. von Yahoo!) und einem eigenen Webcrawler (DuckDuckBot). Die Aufbereitung der Quellen nach qualitativen Gesichtspunkten gelang bei unserer Stichprobe ausgezeichnet. Bei hart umkämpften Begriffen (etwa zum Thema Vermögensaufbau) fanden sich kaum typische Spam-Einträge.

DuckDuckGo speichert keine IP-Adressen, Protokolldaten (Browsertyp, Datum und Zeitpunkt der Anfrage etc.) und verwendet standardmäßig auch keine Cookies. Bestimmte Voreinstellungen, etwa, dass man deutsche Ergebnisse bevorzugt sehen möchte, werden optional in einem Cookie hinterlegt. Zwingend notwenig ist dies allerdings nicht, da es für diesen Zweck auch vorgegebene URL-Parameter gibt. Hiermit kann man sich einen Link generieren lassen, den man anschließend als Bookmark speichert.

Der Anbieter finanziert sich über Werbeeinblendungen und Partnerprogramme, bei denen keine personenbezogenen Daten übermittelt werden. Ferner wird eine verschlüsselte Verbindung sowie eine Ausgang-Enklave für das Tor-Netzwerk angeboten.

Weiterhin bietet DuckDuckGo einige interessante Funktionen an, die tägliche Arbeit erheblich vereinfachen können. So werden Begriffe mit mehreren Bedeutungen erkannt und Vorschläge unterbreitet. Gibt man beispielsweise „Kiefer“ ein, wird gefragt ob der Knochen oder der Baum gemeint ist.

Auch das automatische Nachladen der nächsten Ergebnisse, wenn man nach unten scrollt, beschleunigt die Suche.

Ferner werden umfangreiche Shortcuts für die Navigation mit der Tastatur angeboten.

Weiter gibt es zahlreiche Abkürzungen für häufige Suchanfragen (sog. !Bangs), die teilweise auch direkt auf eine Zielseite umleiten. Wer beispielsweise „!youtube grundgesetz“ eingibt, wird direkt auf die Seite des Internet-Videoportals weitergeleitet.

Schließlich bietet DuckDuckGo auch einige Erweiterungen an, etwa für den Firefox oder das iPhone[35].

YaCy

Einen völlig anderen Weg geht die Suchmaschine YaCy[36]. Sie arbeitet nach dem Peer-to-Peer-Prinzip, bei dem es keinen zentralen Server gibt. Ähnlich wie beim Filesharing sind die Suchergebnisse auf vielen einzelnen Rechnern verteilt, und alle Benutzer können optional zum Betrieb beitragen. Jeder, der an YaCy teilnehmen

35. https://duckduckgo.com/tools.html
36. http://yacy.net/index_de.html

möchte, kann sich eine kostenlose Software herunterladen und wird damit zum Teil des YaCy-Netzes. Nach dem Start der Software kann man alle Seiten, die man besucht, automatisch indexieren lassen oder den Webcrawler gezielt losschicken. Der so entstandene Suchindex kann geteilt werden, wodurch sich alle Teilnehmer gegenseitig beim Suchen und Indexieren unterstützen.

Baut man seinen Index ausschließlich automatisiert beim Besuch einer Website auf, lassen sich aus ihm Rückschlüsse auf besuchte Seiten ziehen. Damit auf diesem indirekten Weg kein anderes Mitglied des YaCy-Netzwerkes das Surfverhalten eines bestimmten Benutzers nachvollziehen kann, gibt es keine Möglichkeit, Suchergebnisse eines bestimmten Teilnehmers abzufragen[37].

Verschiedene Techniken sorgen dafür, dass nicht alle besuchten Seiten indexiert werden[38]. Dadurch wird verhindert, dass persönliche Informationen z. B. aus dem Onlinebanking oder Webmail in den Suchindex gelangen.

Schickt man den Webcrawler gezielt los, hangelt er sich mithilfe von Hyperlinks von einer Seite zur nächsten. Wie bei jedem Abruf wird dabei auch die eigene IP-Adresse übermittelt. Theoretisch könnte man dadurch seine IP in den Logfiles von Servern mit strafbaren Inhalten hinterlassen. Umgehen ließe sich das nur durch konsequente Verwendung eines Anonymisierers.

Fazit

Alle sog. datensparsamen Suchmaschinen sind relativ anonym nutzbar und Google insoweit um Längen voraus. Entscheidend für den dauerhaften Gebrauch sind aber auch die Qualität der Suchergebnisse und deren optische Präsentation. Subjektiv am besten haben uns Ixquick und DuckDuckGo gefallen. Insbesondere bei Ixquick gefällt das pragmatische Erscheinungsbild, bei DuckDuckGo die hohe Treffsicherheit und pfiffige Zusatzfunktionen. Die Umgewöhnungsphase ist übrigens relativ kurz. Nur in den ersten Tagen wünscht man sich hier und da Google zurück - der Mensch ist leider ein Gewohnheitstier. Wer sich absolut nicht mit den Alternativen anfreunden kann, kann zumindest auf Scroogle zurückgreifen.

37. http://www.yacy-websuche.de/wiki/index.php/De:FAQ#K.C3.B6nnen_denn_andere_Leute_mein_Surfverhalten_herausfinden.3F
38. http://www.yacy-websuche.de/wiki/index.php/De:Privacy

Kapitel 3
Den Browser datenschutzfreundlich konfigurieren

Firefox genießt unter Datenschutzexperten einen hervorragenden Ruf. Nicht ohne Grund greifen Anonymisierungsprojekte wie Tor oder JonDonym bei ihren vorkonfigurierten Browsern auf ihn zurück (siehe Kapitel 5). Ursächlich hierfür sind aber nicht die Standardeinstellungen von Firefox, sondern die zahlreichen Optimierungsmöglichkeiten, die in den Einstellungen und mithilfe von Erweiterungen vorgenommen werden können. Direkt nach der Installation ist die Grundkonfiguration aus Datenschutzaspekten allenfalls als suboptimal zu bezeichnen. Hinzu kommt eine enge Verzahnung mit Google, die sich an drei Aspekten manifestiert:

1. Die Startseite nach der Installation ist Google, angepasst im Firefox-Design.
2. In der Navigations-Symbolleiste ist bereits ein Google-Suchfeld integriert.
3. Im Hintergrund arbeitet ein Phishing- and Malware-Schutz, der auf dem Dienst „Google Safe Browsing" basiert und in diesem Kontext mit Google-Servern kommuniziert.

Doch warum kooperiert Firefox so eng mit Google? Nun, das Projekt Mozilla Firefox steht unter dem Dach der Mozilla Foundation. Hierbei handelt es sich um eine Non-Profit-Organisation, die die Entwicklung und Wartung des Firefox-Browsers, aber auch anderer Projekte wie beispielsweise des E-Mail-Programms Thunderbird, verantwortet. Die Koordinierung der Projekte setzt eine entsprechende Infrastruktur voraus. Mittlerweile beschäftigt Mozilla 150 bezahlte Mitarbeiter. Um die laufenden Unkosten zu decken, hat die Mozilla Foundation einen langjährigen Sponsoringvertrag mit Google abgeschlossen. Der Deal funktioniert wie folgt: Google zahlt etwa 60 Millionen US-Dollar pro Jahr und im Gegenzug veröffentlicht Mozilla seine Browser mit Google als Standardsuchmaschine. Aus der Sicht von Mozilla ist die Kooperation durchaus sinnvoll, sichert sie doch die Liquidität über einen langen Zeitraum. Der Anwender wird hingegen mit möglichen Datenschutzrisiken bei der Kommunikation mit Google konfrontiert – bereits beim ersten Aufrufen der Startseite kann Google Cookies setzen.

Den meisten Anwendern ist ein schneller und bequemer Browser wichtiger als ein sicherer. Firefox trägt dem Rechnung, indem nach der Installation beispielsweise Cookies grundsätzlich erlaubt oder langfristige Chroniken über besuchte Seiten angelegt werden. Nachfolgend schauen wir uns deshalb an, welche internen Konfigurationsmöglichkeiten Firefox bietet, um Sicherheit und Datenschutz zu optimieren.

Startseite ändern

Einen Großteil der sicherheitsrelevanten Einstellungen können Sie tätigen, wenn Sie auf das Menü „Extras" und dort auf „Einstellungen" klicken. Unter dem Reiter „Allgemein" können Sie beim Punkt „Wenn Firefox gestartet wird" die Startseite definieren. Falls Sie diese Option bevorzugen, sollten Sie in jedem Fall die voreingestellte Mozilla-Firefox-URL gegen eine datensparsame Suchmaschine wie Ixquick oder Metager2 ersetzen (mehr Informationen hierzu finden Sie im nachfolgenden Kapitel). Alternativ können Sie auch auswählen, dass gar keine Startseite automatisch gestartet wird.

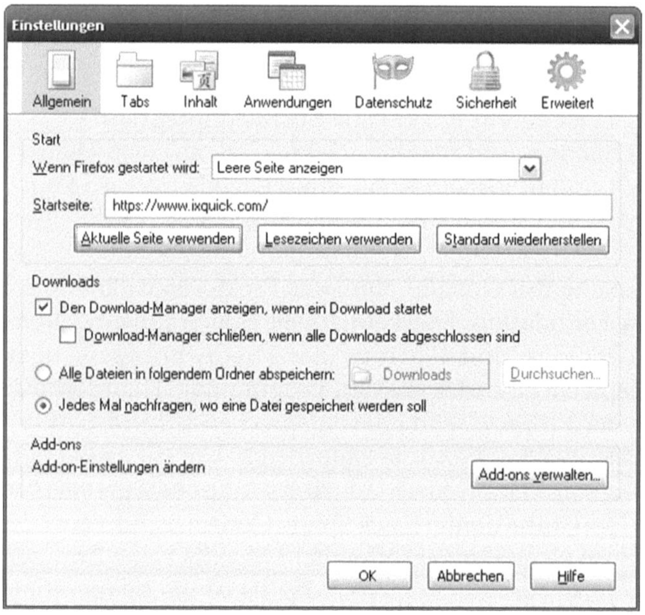

Abb. 5: Ob bzw. welche Startseite geladen werden soll, lässt sich exakt definieren

Pop-up-Blocker / JavaScript

Wechseln Sie nun zum Reiter „Inhalt". Hier gibt es zwei sicherheitsrelevante Einstellungen: „Pop-up-Fenster blockieren" und „JavaScript aktivieren". Während beim Pop-up-Blocker die Möglichkeit besteht, Ausnahmen für einzelne Seiten zu definieren, kann JavaScript nur generell deaktiviert werden. Da bei zahlreichen seriösen Websites JavaScript zwingend erforderlich ist, ist der generelle Verzicht für viele Anwender nicht akzeptabel. Alltagstauglicher ist deshalb, hier JavaScript zu aktivieren und zusätzlich mit der Erweiterung NoScript zu arbeiten, in der man fallweise eine Freigabe erteilen kann (siehe nächstes Kapitel).

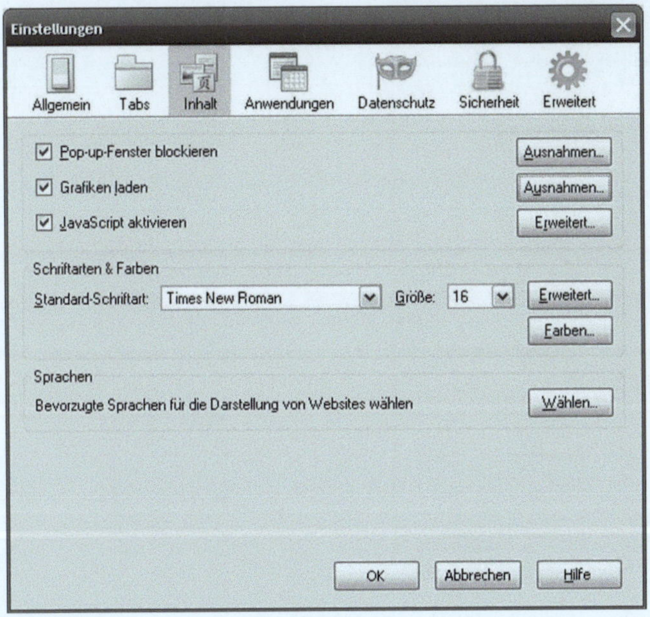

Abb. 6: Der Reiter „Inhalt“ im Firefox.

Chronik

Klicken Sie jetzt auf den Reiter „Datenschutz“, wo Sie grundsätzliche Vorgaben zum Speichern Ihres Surfverhaltens tätigen können. Wählen Sie hier auf jeden Fall unter „Firefox wird eine Chronik“ den Punkt „nach benutzerdefinierten Einstellungen anlegen“ aus. „Firefox automatisch im privaten Modus starten“ sollte nicht aktiviert werden, da bei dieser Einstellung Cookies nicht fallweise aktiviert werden können, was einige Websites aber voraussetzen[39]. Bei „Besuchte Seiten“, „Download-Chronik“ und „Suchbegriffe und Formulardaten“ sollten keine Haken gesetzt sein. Cookies sollten Sie generell deaktivieren. Sollte eine Website Cookies zwingend voraussetzen (z. B. Foren oder Online-Shops), können Sie das Speichern unter „Ausnahmen“ im Einzelfall freigeben[40]. Schließlich können Sie den Punkt „Die Chronik löschen, wenn

---

39. http://support.mozilla.com/de/kb/Privater+Modus#Was_im_Privaten_Modus_nicht_gespeichert_wird
40. Alternativ können Sie auch Erweiterungen verwenden, wie etwa den bereits im Kapitel „Cookies“ erwähnten Spezialisten CS Lite.

Firefox geschlossen wird" anhaken und zusätzlich unter „Einstellungen" alle Punkte auswählen.

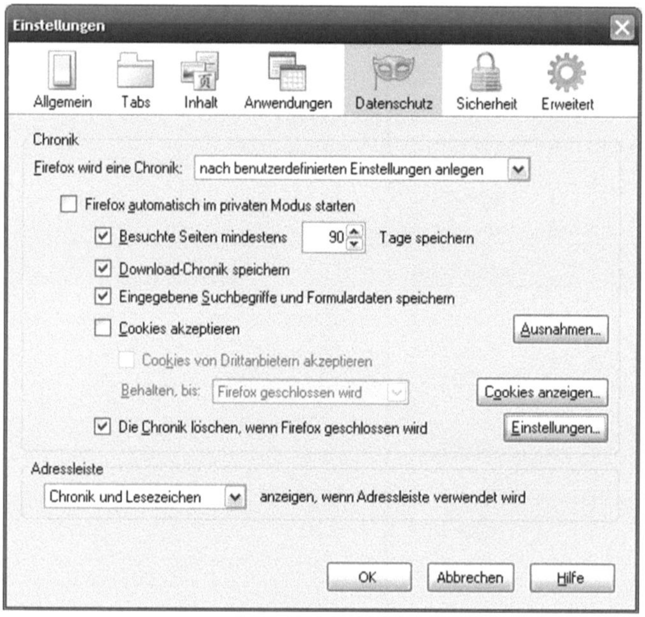

Abb. 7: Der Reiter „Datenschutz" im Firefox.

Phishing- and Malware-Schutz

Jetzt geht es zum Reiter „Sicherheit". Aktivieren Sie hier das Häkchen vor „Warnen, wenn Websites versuchen, Erweiterungen zu installieren". Deaktivieren Sie unbedingt die beiden Punkte „Webseite blockieren, wenn sie als attackierend gemeldet wurde" und „Webseite blockieren, wenn sie als Betrugsversuch gemeldet wurde", da Firefox andernfalls Daten mit Google austauscht. Der Hintergrund: Firefox gleicht in regelmäßigen Intervallen Negativlisten mit als gefährlich eingestuften Seiten ab, die von Google bereitgestellt werden. Eigentlich ein guter Service, der aus Datenschutzaspekten leider einen gravierenden Schönheitsfehler hat. Aktualisiert sich im Hintergrund automatisch die Liste, oder wird eine Webseite anhand dieser Blacklist als Phishing-Versuch eingeschätzt, werden Log-Informationen an Google übertragen, darunter Ihre IP-Adresse und (sofern vorhanden) ein Cookie von Google[41]. Warum Google diese Daten überhaupt anfordert, bleibt schleierhaft. Technisch zwingend

41. Vgl. http://code.google.com/intl/de-DE/apis/safebrowsing/firefox3_privacy_faq.html und http://www.mozilla.com/en-US/firefox/phishing-protection/

notwendig für die Aktualisierung der Liste sind sie jedenfalls nicht.

Aus Sicherheitsgründen sollten Sie übrigens den im Firefox integrierten Passwort-Manager nicht benutzen. Hierfür bietet sich vielmehr ein spezialisiertes Programm wie z. B. KeePass an. Deaktivieren Sie deshalb die Punkte „Passwörter speichern“ und „Master-Passwort verwenden“.

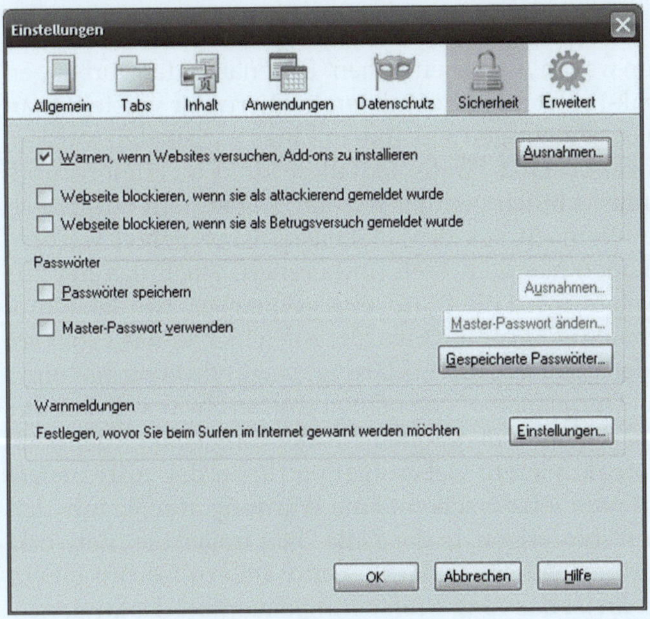

Abb. 8: Der Reiter „Sicherheit“ im Firefox.

Weiterleitungen und Link-Prefetching

Wechseln Sie jetzt zum Reiter „Erweitert“ / „Allgemein“. Aktivieren Sie dort den Punkt „Warnen, wenn Websites versuchen umzuleiten oder neu zu laden“. Mit dieser Einstellung verhindern Sie, dass Sie von einer aufgerufenen Webseite ungewollt auf eine andere Seite weitergeleitet wird, deren Inhalt Sie nicht kennen. Problematisch sind solche ungewollten Weiterleitungen zumindest dann, wem Sie mit Ihrer echten IP-Adresse im Netz unterwegs sind. Leitet Sie beispielsweise eine scheinbar harmlose Seite böswillig auf kinderpornografische Inhalte um, hinterließen Sie dort Ihre IP. Das ist insofern problematisch, da einige Gerichte in Deutschland der Auffassung sind, dass schon das bloße Betrachten von kinderpornografischen Internetseiten strafbar ist[42]. Auch das BKA sammelte bereits im großen Stil IP-Adressen auf internen Honeypots und nutzte diese für Strafverfahren[43].

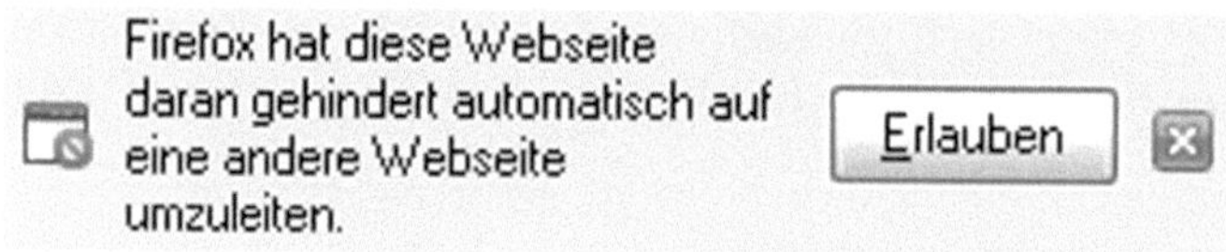

Abb. 9: Automatische Warnmeldung bei einer ungewollten Weiterleitung.

Wer unangenehmen Ermittlungen wegen „versehentlichen" Seitenaufrufen vorbeugen möchte, sollte ferner das sog. Link-Prefetching deaktivieren. Hierunter versteht man eine Technologie, die das Surfen beschleunigen soll, indem Links vorgeladen werden, noch bevor man sie überhaupt angeklickt hat. Firefox lädt diese Links im Hintergrund, in der Annahme, dass diese voraussichtlich genutzt werden. Klickt man tatsächlich auf den Link, braucht die Seite nur noch aus dem Arbeitsspeicher geholt werden, was deutlich schneller als das Laden aus dem Web funktioniert. Auch das hat zur Folge, dass auf den verlinkten Web-Servern die IP-Adresse gespeichert werden kann, obwohl die betreffende Seite nicht aktiv angeklickt wurde. Auch hier ist das Problem, dass manchen Staatsanwälten oder Richtern, die Erklärung, „mein Browser hat ohne mein Wissen diese Seite geöffnet", unplausibel erscheinen dürfte. Zwar werden nur bestimmte Link-Definitionen (Link-Tags) aus dem Seiten-Header vorgeladen[44], dennoch sollten Sie diese Voreinstellung deaktivieren. Geben Sie hierfür in der Adressleiste „about:config" ein und drücken Enter. Jetzt erscheint eine Warnung, die Sie mit „Ich werde vorsichtig sein, versprochen" bestätigen. In der Zeile Filter tragen Sie „network.prefetch-next" ein. Den darunter erscheinenden Wert „true" ändern Sie mit einem Doppelklick auf „false". Von jetzt an ist das Link-Prefetching dauerhaft deaktiviert.

Neu enthalten seit Version 4 ist die sog. „Do-not-track-Funktion". Mit ihr können Sie als Nutzer den Webseiten automatisiert per HTTP-Header mitteilen, dass Sie kein Tracking durch Werbenetzwerke wünschen. Webseiten von Anbietern müssten entsprechend umprogrammiert werden, um auf diese Information reagieren zu können. Zu finden ist diese Einstellung unter dem Punkt „Websites mitteilen, dass ich nicht verfolgt werden möchte". Da das Beachten des Wunsches natürlich freiwillig ist, steht und fällt der Vorschlag damit, dass sich die Webseiten und Werbemittler daran halten. Insofern dürfte diese Option keinen verlässlichen Schutz bieten, nicht getrackt

42. So geschehen in einem Urteil des Oberlandesgerichts Hamburg, vgl. http://www.faz.net/s/RubCD175863466D41BB9A6A93D460B81174/Doc~E235267BFE00C465E9AB9617BAA2C5066~ATpl~Ecommon~Scontent.html.
43. http://dip.bundestag.de/btd/16/069/1606938.pdf
44. https://developer.mozilla.org/en/Link_prefetching_FAQ#What_are_the_prefetching_hints.3F

zu werden.

Plugins deaktivieren und deinstallieren

Abschließend noch ein Hinweis, wie Sie einzelne Plugins wie Flash oder Java deaktivieren können. Klicken Sie hierzu auf „Extras" / „Add-ons" und wechseln Sie dort auf den Reiter „Plugins". Eine Übersicht über alle installierten Plugins können Sie aufrufen, wenn Sie in der Adresszeile „about:plugins" eingeben und mit Enter bestätigen. Links oben ist eine Hilfe-Seite verlinkt, auf der Sie zu jedem Plugin ein FAQ finden, in dem auch Hinweise zur kompletten Deinstallation hinterlegt sind.

Kapitel 4
Nachhilfe für den Browser

Wer maximale Anonymität anstrebt, kann beruhigt die Komplettpakete von Tor und JonDonym benutzen, die im nächsten Kapitel vorgestellt werden. Die mitgelieferten Firefox-Varianten sind so vorkonfiguriert, dass der Datenschutz bestmöglich gewährleistet wird. Allerdings ist die Konfiguration auf den jeweiligen Anonymisierungsdienst abgestimmt. Doch nicht immer ist diese „harte Gangart" gewünscht bzw. alltagstauglich. Nachfolgend werden deshalb die dort eingesetzten Erweiterungen isoliert erläutert. So haben Sie die Möglichkeit, je nach Zielsetzung punktuell Maßnahmen zu ergreifen, um der Profilbildung entgegenzuwirken.

Verhindern lässt sich die Profilbildung insbesondere dadurch, dass sogenannte **Aktive Inhalte** grundsätzlich deaktiviert sind. Unter aktiven Inhalten versteht man insbesondere[45]:

- JavaScript
- Java
- Plugins[46] wie Adobe Flash

Gemeinsam ist allen aktiven Inhalten, dass sie auf dem PC des Anwenders lokal ausgeführt werden. Dabei werden nur Rohdaten zu den Informationen vom Webserver an den Client (Webbrowser) geliefert. Auf der Clientseite muss dafür ein entsprechendes Softwaremodul zur Verfügung stehen, welches die Aufbereitung dieser Daten vornimmt.

Leider führt das rigide Blockieren aktiver Inhalte dazu, dass viele Internetseiten nicht mehr vollständig funktionieren. Interaktive Websites, Videos, bunte Effekte - viele Finessen im Netz basieren auf der Technologie aktiver Inhalte. Doch nicht jeder will oder kann mithilfe von Tor und JonDonym der Anonymität immer die höchste Priorität einräumen. In diesem Fall muss eine Abwägung erfolgen: Bin ich bereit für den Komfort, den mir eine bestimmte Website bietet, im Zweifel meine Anonymität

45. Eine ausführliche Definition findet sich unter: https://www.bsi.bund.de/cln_164/ContentBSI/Themen/sinet/Gefaehrdungen/AktiveInhalte/definitionen/ueberblick.html
46. Wenn Sie in die Firefox-Adressleiste den Befehl about:plugins eingeben und mit Enter bestätigen, werden alle installierten Plugins aufgelistet.

aufzugeben?

Das Risiko der Preisgabe der Identität ist allerdings nur die Hälfte des Problems. Die Verwendung aktiver Inhalte ist nämlich gleichzeitig mit weiteren Sicherheitsrisiken verbunden. Der Grund erschließt sich bei genauerer Betrachtung der Technologie: Die Ausführung der Inhalte erfolgt wie ein lokales Programm. Im Unterschied zu normalen Programmen sollen diese Aktivitäten allerdings durch den Webbrowser kontrolliert und eingeschränkt werden. Leider werden immer wieder Sicherheitslücken bekannt, die diese Einschränkungen aushebeln. Im Ergebnis können böswillig programmierte aktive Inhalte vollen Zugriff auf den Rechner erlangen und beispielsweise Dateien auslesen und verändern.

Das Bedürfnis nach Anonymität und Sicherheit beim Surfen steht im Konflikt mit der Benutzbarkeit vieler Websites. Sinnvoll lösen lässt er sich mit folgender Strategie: Der Browser wird so konfiguriert, dass gefährliche Mechanismen grundsätzlich blockiert werden. Funktioniert deshalb eine Website nicht korrekt, entscheiden Sie **fallweise**, ob die Blockierung aufgehoben wird. Für die Umsetzung stehen zahlreiche Firefox-Erweiterungen zur Verfügung, die nachfolgend erläutert werden.

Aktive Inhalte mit NoScript aussperren

Die Erweiterung NoScript[47] deaktiviert grundsätzlich sämtliche aktiven Inhalte und andere Plugins, die über den statischen Webseitenaufbau hinausgehen. Über geblockte Inhalte werden Sie in der Informationsleiste des Browsers (unten rechts) informiert. Damit vertrauenswürdige Seiten vollständig funktionieren, können aktive Inhalte temporär (bis zum Schließen des Browsers) zugelassen werden. Darüber hinaus ist das Führen einer dauerhaften Liste von erlaubten Seiten möglich[48].

Durch das grundsätzliche Blockieren schützt NoScript zuverlässig vor bekannten und (noch) unbekannten Sicherheitslücken. Erlaubt man einer Website das Nachladen aktiver Inhalte, besteht das Risiko, dass dieser Schutz verloren geht. Wer beispielsweise maximale Anonymität wünscht, sollte niemals die Blockierungsfunktion aufheben[49].

47. http://noscript.net/
48. Eine ausführliche Anleitung finden Sie unter http://www.firefox-browser.de/wiki/NoScript#Anleitung_und_Hilfen
49. Auch nicht auf renommierten Internetseiten, vgl. beispielsweise den Artikel „Virtuelle Schädlinge über Handelsblatt.de und Zeit.de - Banner verseucht": http://www.magnus.de/news/virtuelle-schaedlinge-ueber-handelsblatt-de-und-zeit-de-banner-verseucht-215569.html

Abb. 10: NoScript in Aktion auf washingtonpost.com. Sobald etwas blockiert wird erscheint rechts unten in der Statusleiste ein durchgestrichenes „S“. Klickt man auf das „S“, kann man die blockierten Elemente einzeln oder zusammenhängend temporär deaktivieren. Hebt man alle Beschränkungen dauerhaft auf, wird die Seite automatisch der Positivliste hinzugefügt, die über den Punkt „Einstelungen“ verändert werden kann.

Der dauerhafte Einsatz von NoScript erfordert ein gewisses Maß an Disziplin. Homebanking, Routenplaner, Slideshows usw. funktionieren häufig nicht mehr auf Anhieb und müssen zunächst explizit freigegeben werden. In meinem Umfeld habe ich es oft mitbekommen, dass nach kurzzeitigem Testen die Erweiterung wieder deinstalliert wurde. Sie müssen sich deshalb bewusst machen, dass der Zugewinn an Anonymität und Sicherheit Ihre aktive Mitarbeit verlangt.

Cookies

1. HTTP-Cookies

Cookies sind kleine Textdateien (max. 4 Kilobyte) von Internetseiten, die zur Identifizierung eines Benutzers auf dessen Rechner gespeichert werden und die dann bei erneuten Besuchen der Webseite vom Browser (via http) mitübertragen werden. Dazu wird vom Server ein eindeutiger Identifikationscode (Session-ID) vergeben und im Cookie gespeichert. Verwendung finden sie sinnvollerweise dort, wo eine eindeutige Identifizierung des Besuchers notwendig ist, wie z. B. beim Log-in in Foren oder Online-Shops. Cookies können aber auch eingesetzt werden, um Profile über das Surfverhalten zu erstellen. Jedoch kann ein einzelner Betreiber durch das Platzieren eines Cookies „nur“ das Surfverhalten innerhalb seiner eigenen Website verfolgen. Allerdings blenden fast alle Websites zur Finanzierung Werbebanner ein. Diese werden häufig nicht vom Seitenbetreiber, sondern von Drittanbietern (Werbevermarktern) eingeblendet und setzen dabei zusätzlich ihren eigenen Cookie[50].

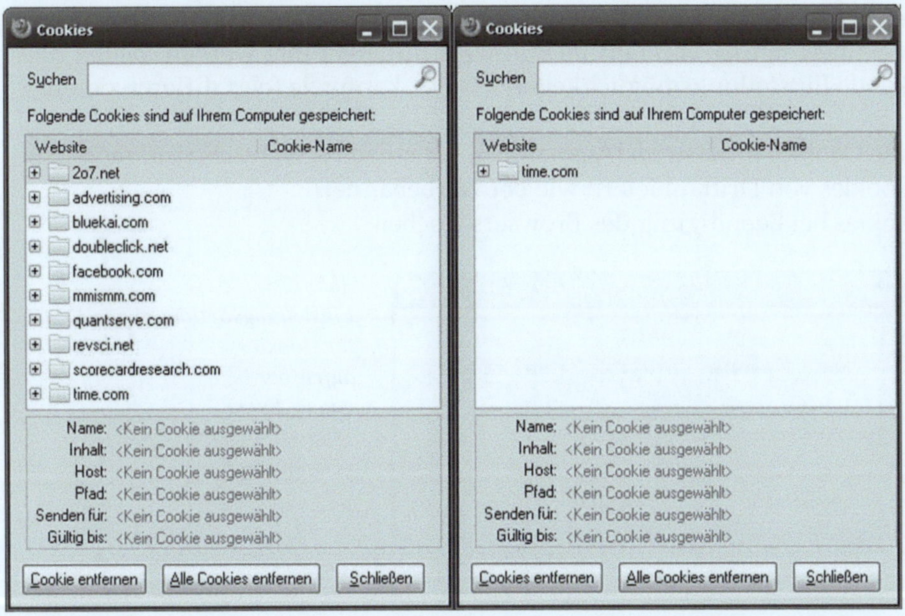

Abb. 11: Liste der Cookies, die bei einem einmaligen Aufruf der Seite time.com gesetzt wurden. Rechts wurde die Option „Cookies von Drittanbietern akzeptieren" deaktiviert.

Da es nur wenige Vermarkter gibt, ist die Wahrscheinlichkeit groß, dass der Drittanbieter mehrfach auf den Cookie zurückgreift. Gibt man zu einem späteren Zeitpunkt seine Identität beispielsweise bei einer Bestellung preis, könnte eine Zuordnung der besuchten Websites erfolgen und für Marketingzwecke genutzt werden. Übrigens können alle Daten, die ein Benutzer durch Ausfüllen von Eingabefeldern einträgt, auch in Cookies abgelegt werden. Schafft es jemand, Zugriff auf Ihre Cookies zu erlangen, könnte er dort z. B. die Kreditkartennummer auslesen.

Meist wird dem Cookie eine Lebensdauer mitgegeben. Manche sind nur so lange aktiv, wie der Browser geöffnet ist, manche haben eine Lebensdauer von mehreren Tagen, Monaten oder gar Jahren[51]. Mithilfe langlebiger Cookies können Anbieter Teile

50. Google benutzt beispielsweise für seine verschiedenen Werbenetzwerke identische Session-Ids, vgl. http://www.theregister.co.uk/2009/06/04/google_doubleclick_cookie/.
51. Laut der zugrunde liegenden Spezifikation (RFC 2109) gibt es überhaupt keine Begrenzung der maximalen Lebensdauer: http://tools.ietf.org/html/rfc2109

Ihres Surfverhaltens über Jahre hinweg aufzeichnen, wodurch ein immer schärferes Profil entstehen kann. Um das zu verhindern, müssen Sie Ihren Browser anweisen Cookies generell nicht zu akzeptieren bzw. regelmäßig zu löschen. Da die Speicherung und die Rückübertragung von den Webbrowser durchgeführt werden, bieten diese einschränkende Einstellungsmöglichkeiten. Firefox kann wie folgt differenzieren:

- Gar keine Cookies annehmen (Ausnahmen für einzelne Websites sind möglich)
- keine Cookies von Drittanbietern wie bei Werbebannern
- Alle Cookies bei Beendigung des Browsers löschen

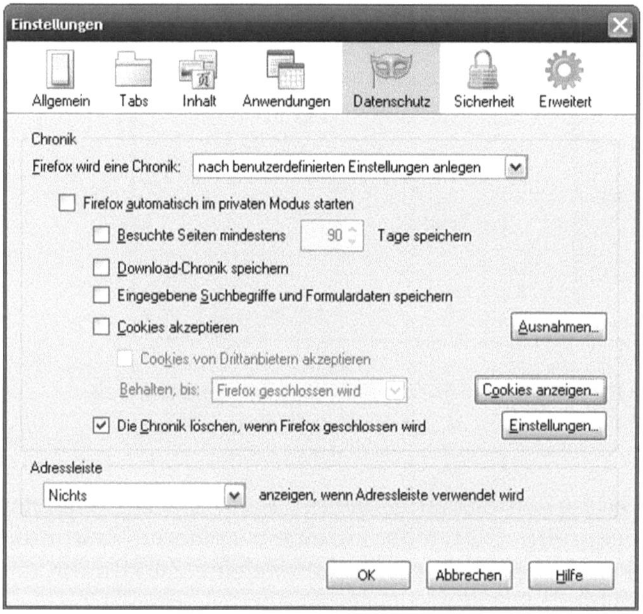

Abb. 12: Einstellungsoptionen für Cookies, aufrufbar unter „Extra“ / „Einstellungen“ / „Datenschutz

Option zwei und drei sollte immer gewählt werden. Da Cookies keine sicherheitskritischen Funktionen wie beispielsweise die Verbreitung von Viren oder die Ausführung von Schadprogrammen ermöglichen, ist ein generelles Ablehnen nur aus Datenschutzaspekten sinnvoll. Wer absolute Anonymität braucht, sollte Cookies generell deaktivieren. Leider setzen einige Seiten das Speichern von Cookies voraus – diese seltenen Fälle sollten Sie einfach als Ausnahme eintragen. Nach der Eingabe persönlicher Daten sollten die Cookies allerdings manuell gelöscht werden. Zur einfacheren Handhabung können auch Erweiterungen wie CS Lite[52] eingesetzt

52. https://addons.mozilla.org/de/firefox/addon/5207

werden, welche auch JonDoFox benutzt.

2. DOM-Storage-Objekte (Super-Cookies)
Neben den HTTP-Cookies gibt es im Firefox sog. DOM-Storage-Objekte, die umgangssprachlich oft auch als Super-Cookies bezeichnet werden. Sie werden primär eingesetzt, wenn umfangreiche Formulardaten oder Dokumente, die mit Web-Applikationen bearbeitet werden, lokal auf dem Rechner gespeichert werden sollen. Die bis zu 5 Megabyte großen Daten werden in einer Datei namens webappsstore.sqlite im Firefox-Profilverzeichnis gespeichert. Für DOM-Storage-Objekte gelten im Firefox die gleichen Regeln, die im Einstellungsdialog auch für HTTP-Cookies festgelegt sind[53]. Wenn Sie beispielsweise Ihre HTTP-Cookies automatisch beim Browserschließen löschen lassen, werden gleichzeitig auch die Super-Cookies gelöscht.

3. Flash-Cookies
Flash-Cookies oder Local Shared Objects sind Dateien, die Inhalte **browserunabhängig** bei Nutzung des Adobe Flash Players auf dem Rechner des Webseitenbetrachters speichern. Dadurch kann selbst dann auf die Cookies zurückgegriffen werden, wenn ein anderer Browser oder ein anderes Firefox-Profil verwendet wird. Die wohl bekannteste Nutzung ist das Speichern der gewählten Lautstärke bei YouTube-Videos. Löscht man alle HTTP-Cookies und den Cache, erinnert sich der Player beim nächsten Aufruf trotzdem auf wundersame Weise an die zuletzt eingestellte Lautstärke. Hieran zeigt sich die Gefahr: Die Cookieverwaltung des Browsers greift bei Flash-Cookies nicht. Wenn sie nicht mit einem Verfallsdatum ausgestattet sind, verbleiben sie für unbegrenzte Zeit in diesen Verzeichnissen, da vielen Anwendern die Existenz unbekannt ist[54]. Dadurch finden sich auf manchen Rechnern Cookies mit mehrjähriger Historie.

Um der Flash-Cookies Herr zu werden, gibt es folgende Möglichkeiten:

1. Die Speicherung lässt sich online (!) mit dem Einstellungsmanager des Flash-Players konfigurieren, wozu Sie den in der nachfolgenden Fußnote genannten

---

53. Man kann sie aber auch grundsätzlich deaktivieren. Hierzu ruft man die Seite about:config auf und setzt den Wert dom.storage.enabled auf false. Alternativ übernimmt diese Einstellung auch die Firefox-Erweiterung BetterPrivacy, die bei den Flash-Cookies besprochen wird.

54. Das Affiliate-Netzwerk belboon-adbutler GmbH brüstet sich sogar in einer Pressemeldung damit: „Private Browsing-Funktion moderner Webbrowser und Cookie-Blockierung von Nutzern wird wirkungsvoll entgegengewirkt.“ Vgl.: http://www.belboon.de/docs/presse/20090415_presse_FlashCookie.pdf

Link in Ihrem Browser aufrufen müssen [55]. Im Bedienfeld „Globale Speichereinstellungen" kann der Speicherplatz auf null gesetzt werden, wodurch gar keine Cookies mehr gespeichert werden. Dadurch gehen leider auch eventuelle Annehmlichkeiten verloren. Regelmäßige Löschungsintervalle sind leider nicht einstellbar.

2. Ist das Speichern von weiteren Flash-Cookies untersagt, müssen die bereits vorhandenen gelöscht werden. Dies kann man entweder im Einstellungsmanager (Bedienfeld „Globale Speichereinstellungen") machen, oder man löscht die Dateien mit der Endung .sol manuell aus folgendem Verzeichnis:

XP: C:\Dokumente und Einstellungen\Benutzername\Anwendungsdaten\Adobe\Flash Player
Vista, Windows 7: C:\Users\ Benutzername \AppData\Roaming\Macromedia\Flash Player

3. Falls Sie Flash-Cookies nicht generell verbieten möchten, sollten Sie zum fortlaufenden Löschen die Firefox-Erweiterung BetterPrivacy verwenden[56]. Mit ihrer Hilfe lassen sie sich automatisiert beim Schließen von Firefox entfernen.

Teilweise werden Flash-Cookies auch eingesetzt, um die von den Nutzern gelöschten HTTP-Cookies wiederherstellten. In vielen Medien wird in diesem Zusammenhang immer wieder plakativ von „Zombie-Cookies" gesprochen. Auch auf den Seiten großer Medienkonzerne wie Disney und Warner soll diese Technologie eingesetzt worden sein, um das Verhalten ihrer Nutzer aufzuzeichnen[57].

Referrer

Beim Anklicken eines Links wird der verlinkten Seite automatisch der sogenannte Referrer mitgesendet. Dieser verrät, von welcher Seite der Benutzer ursprünglich weitergeleitet wurde. Auch diese Information kann vom Seitenbetreiber gespeichert und zur Auswertung genutzt werden. In Verbindung mit anderen gesammelten Informationen lassen sich so Bewegungsprofile anfertigen, was die Anonymität

55. http://www.macromedia.com/support/documentation/de/flashplayer/help/settings_manager03.html
56. https://addons.mozilla.org/de/firefox/addon/6623
57. http://www.wired.com/threatlevel/2010/07/zombie-cookies-lawsuit
http://news.cnet.com/8301-31001_3-20013672-261.html
http://www.wired.com/epicenter/2010/08/specificmedia-zombie-cookie/

beeinträchtigt. Verhindern lässt sich dies, indem man Firefox anweist, grundsätzlich keinen Referrer zu senden[58]. Allerdings kann man mit dieser Vorgehensweise auch Auffälligkeiten erzeugen, da die wenigsten User ihn generell unterdrücken. Unauffälliger ist es, wenn als Referrer stets die Stammadresse der besuchten Website übertragen wird. Ein Beispiel: Sie surfen auf der Website www.example.com. Beim Aufrufen der Startseite, aber auch wenn Sie seiteninternen Links folgen, wird als Referrer immer www.example.com übertragen. Realisieren lässt sich dieses Szenario mit der Firefox-Erweiterung namens RefControl[59].

Nach der Installation klicken Sie mit der rechten Maustaste auf das RefControl-Symbol rechts unten in der Statusleiste und rufen dort die „Optionen" auf. In dem sich öffnenden Fenster klicken Sie auf „Bearbeiten" und stellen im nächsten Fenster den Punkt „Standard für alle nicht aufgeführten Seiten" auf „ersetzen". Sehr selten kommt es vor, dass einige Websites ohne Übermittlung der realen Referrerinformationen nicht korrekt funktionieren[60]. Für solche Fälle ist es möglich, in den Optionen eine Ausnahmeregel zu definieren. Dies bewirkt, dass der reale Referrer für die betreffende Domain vom Webbrowser übertragen wird.

User Agent Header

Beim Aufrufen einer Webseite sendet der Browser neben dem Referrer auch den sogenannten User Agent Header mit. Dieser enthält genaue Informationen z. B. über Ihr verwendetes Betriebssystem, Ihren Browser und die bevorzugte Sprache. Da es keine verbindliche Konvention gibt, welche Informationen der User Agent Header enthalten muss, unterscheiden sie sich von Browser zu Browser. Wenn Sie testen möchten, welche Informationen Ihr Browser übermittelt, können Sie den bereits zu Beginn des Kapitels erwähnten Anonymisierungstest aufrufen oder die Website UserAgentString.com[61]. Im Firefox lässt er sich auch anzeigen, wenn Sie im Menü „Hilfe" den Punkt „Über Mozilla Firefox" aufrufen. Die Zeichenkette enthält folgende Informationen[62]:

---

58. Hierzu ruft man die Seite about:config auf und setzt den Wert network.http.sendRefererHeader auf 0.
59. https://addons.mozilla.org/de/firefox/addon/953
60. Manche Seiten nutzen die Referrer-Information, um andere Seiten daran zu hindern, ihre Bilder einzubinden (sog. Hotlinking). Zeitweise war dies z. B. bei den Vznet-Netzwerken der Fall, vgl. http://developer.studivz.net/tag/refcontrol/
61. http://www.useragentstring.com/
62. Vgl. https://developer.mozilla.org/en/User_Agent_Strings_Reference, für andere Browser siehe https://www.eff.org/deeplinks/2010/01/tracking-by-user-agent

- Mozilla-Version
- Plattform / Computersystem
- Sicherheit (N bedeutet keine Sicherheit, U hohe Sicherheit und I schwache Sicherheit)
- Bezeichnung des Betriebssystems
- Sprachkürzel der Browsersprache
- Gecko-Versionsnummer
- Erstellungsdatum des Gecko-Programmmoduls
- Firefox-Version

Einige diese Informationen helfen dem Webserver zu entscheiden, welche Version einer Webseite er ausliefern soll. So kann der Betreiber beispielsweise für ein winziges Handydisplay eine auf die Größe optimierte Version anbieten. Leider erleichtert die Preisgabe der Informationen auch das Erstellen von Benutzerprofilen und offenbart Indizien zur Identität. Um das zu verhindern, können die Header-Informationen manipuliert werden. Benutzer von Torbutton und JonDoFox brauchen sich darüber keine Gedanken zu machen, da sie standardmäßig den Header vereinheitlichen. Dahinter steckt die Idee, dass alle Nutzer der Dienste nach außen möglichst gleich aussehen sollten und so in der Masse der Benutzer untertauchen. Alternativ steht mit der Firefox-Erweiterung User Agent Switcher ein einfach bedienbares Tool zur Manipulation zur Verfügung[63]. Es können vorkonfigurierte Beispiel-Header benutzt werden oder eigene manuell hinzugefügt werden. Interessant ist insbesondere die Möglichkeit, schnell zwischen verschiedenen Kennungen umzuschalten, z. B. wenn man intensiv auf einer Website recherchiert. Die Bedienung ist simpel: Nach der Installation kann über das Menü „Extra" auf die einzelnen Header zugegriffen werden. Alternativ kann man auch ein Symbol in der Leiste von Firefox anlegen. Hierzu ruft man über das Menü „Ansicht" - „Symbolleisten" - „anpassen" alle verfügbaren Symbole auf. Dann wählt man die kleine graue Kugel mit dem Namen „Browsererkennung" und zieht sie mit gedrückter linker Maustaste an eine passende Stelle der Leiste.

OptimizeGoogle

Sollten Sie doch Google als reguläre Suchmaschine nutzen wollen oder müssen, kann OptimizeGoogle eine sinnvolle Option sein. Das Plug-in bewirkt zweierlei: Zum einen anonymisiert es die im Grundcookie von Google enthaltene Identifikationsnummer, zum anderen unterbindet es das Senden von Cookies an Analytics. Die entsprechende

63. https://addons.mozilla.org/de/firefox/addon/59

Einstellungsoption finden Sie im Menü „Privatsphäre". Zusätzlich sollten Sie im Menü „Web" den Punkt „Klick-Verfolgung entfernen" aktivieren, damit Google nicht mehr nachvollziehen kann, welchen Links Sie gefolgt sind.

CustomizeGoogle widmet sich nicht ausschließlich dem Datenschutz, sondern ermöglicht generelle Manipulationen an der Suchmaschine. Beispielsweise lassen sich Links zu weiteren Suchmaschinen hinzuzufügen oder die Treffer in aufsteigender Reihenfolge nummerieren. Entsprechende Einstellungen lassen sich in den Optionen des Plugins tätigen.

Leider veröffentlichen die Entwickler nur in sehr unregelmäßigen Abständen Updates, weshalb die Funktionsfähigkeit dieser Erweiterung in der Vergangenheit nicht durchgehend gewährleistet war.

GoogleSharing

Die Erweiterung GoogleSharing[64] vermischt Ihre Anfragen an die Google-Suchmaschine mit denen anderer teilnehmenden Nutzer. Durch das Verteilen der Suchanfragen über einen Proxy-Server ist eine Verknüpfung zum Zweck der Profilbildung ausgeschlossen. Bedenken muss man allerdings, dass sich die Anonymisierung wirklich nur auf die Google-Seiten bezieht. Auf allen sonstigen Internetseiten, auf denen sich Google eventuell über indirekte Services eingenistet hat, hilft GoogleSharing nicht weiter.

TrackMeNot

Die Firefox-Erweiterung TrackMeNot[65] schickt nach dem Zufallsprinzip massenweise Anfragen an Suchmaschinen wie Google, Yahoo!, AOL und Bing. Ziel der zahlreichen Nonsens-Anfragen ist es, dass die tatsächlich getätigten Suchanfragen des Nutzers in dem Datenkonglomerat untergehen.

Dieser Ansatz ist aus mehreren Gründen abzulehnen. Zum einen führt das bombardieren mit sinnlosen Anfragen nicht dazu, dass weniger personenbezogener Daten von Google erfasst werden. Ob es tatsächlich nicht möglich ist, bei einer manuellen Auswertung der Server-Logs, maschinelle Suchanfragen von Menschlichen zu unterscheiden, erscheint unwahrscheinlich (siehe nächster Punkt "Stichwort Browser-Fingerprint"). Insofern ist der grundsätzliche Mehrwert für den Anwender fraglich.

64. http://googlesharing.net/
65. https://addons.mozilla.org/de/firefox/addon/trackmenot/

Hinzu kommt, dass mit jeder Suchanfrage Traffic (Datenverkehr) erzeugt wird, der die Infrastruktur des Internets bzw. der Suchmaschinenanbieter unnötig belastet. Letztlich schädigt man sogar die Umwelt: Laut dem Institut für Zukunftsstudien und Technologiebewertung in Berlin kostet jede Suchanfrage bei Google umgerechnet soviel Strom, wie eine Energiesparlampe benötigt, um eine Stunde lang zu leuchten[66].

Stichwort Browser-Fingerprint

Jeder Anwender passt seinen Browser und sein Betriebssystem entsprechend seinen individuellen Wünschen an. Beispielsweise werden im Browser Erweiterungen installiert oder im Betriebssystem Schriftarten (häufig im Rahmen einer Softwareinstallation) hinzugefügt. Mithilfe aktiver Inhalte lassen sich solche Informationen abfragen. Zusammen mit den Informationen aus dem User Agent Header ergibt sich so eine sehr eindeutige Erkennungsmarke – ganz unabhängig von der IP-Adresse und Cookies –, die als Browser-Fingerprint bezeichnet wird. Die Bürgerrechtsorganisation Electronic Frontier Foundation (EFF) bietet auf ihrer Website panopticlick.eff.org[67] einen Service an, um den digitalen Fingerabdruck zu testen. Im Test ließ sich mein Browser ohne Schutzmaßnahmen wie deaktiviertes JavaScript eindeutig unter 800.000 Besuchern identifizieren! Ob und in welchem Umfang Werbenetzwerke oder Suchmaschinen solche Informationen zur Profilbildung nutzen, ist momentan noch vollkommen unklar. Google gibt zwar an, nach 9 Monaten die IP-Adresse in den Server-Logs zu verfremden[68]. Es bleibt allerdings offen, was mit allen anderen Log-Daten gemacht wird, wie etwa Zeitstempel, Suchanfrage, User-Agent oder Referrer. Werden auf diese Datensätze Methoden der Verkettung angewandt, ist es zweifelhaft, ob eine rückwirkende Personenbeziehbarkeit wirklich ausgeschlossen erscheint[69]. Wer dieses Risiko vermeiden möchte, ist gezwungen, aktive Inhalte konsequent zu blockieren.

66. http://www.stern.de/digital/online/stromverbrauch-wie-viel-energie-kostet-eine-google-suche-634098.html
67. https://panopticlick.eff.org/
68. http://googleblog.blogspot.com/2008/09/another-step-to-protect-user-privacy.html
69. Lesenswert ist in diesem Zusammenhang der Report „Verkettung digitaler Identitäten“ des Unabhängigen Landeszentrums für Datenschutz Schleswig-Holstein, der auch kostenlos als PDF-Datei abrufbar ist: https://www.datenschutzzentrum.de/projekte/verkettung/

Kapitel 5
Die virtuelle Tarnkappe

Alle Anonymisierer funktionieren nach folgendem Prinzip: Statt direkt die gewünschte Internetseite aufzurufen, verbindet man sich zunächst mit einem Anonymisierungsdienst, der von nun an **stellvertretend** die komplette Datenkommunikation abwickelt. Der Dienst leitet lediglich Ihre Datenanfrage weiter, übermittelt aber nicht Ihre IP-Adresse. Stattdessen wird dem Zielserver nur die IP-Adresse des Anonymisierers übermittelt. Profilbildungen, etwa von Google, sind so ausgeschlossen, zumindest wenn mit einem speziell konfiguriertem Browser gearbeitet wird. Als angenehmer Nebeneffekt ist auch eine Rückverfolgbarkeit bei der Nutzung anderer Dienste ausgeschlossen, da der Seitenbetreiber nur die IP-Adresse des Anonymisierungsdienstes herausgeben kann. Auch ihr Provider kann nicht mitlauschen. Durch die verschlüsselte Verbindung sieht er lediglich, dass Sie eine Verbindung zum Anonymisierungsdienst aufrufen. Der Inhalt der Kommunikation bleibt ihm hingegen verborgen.

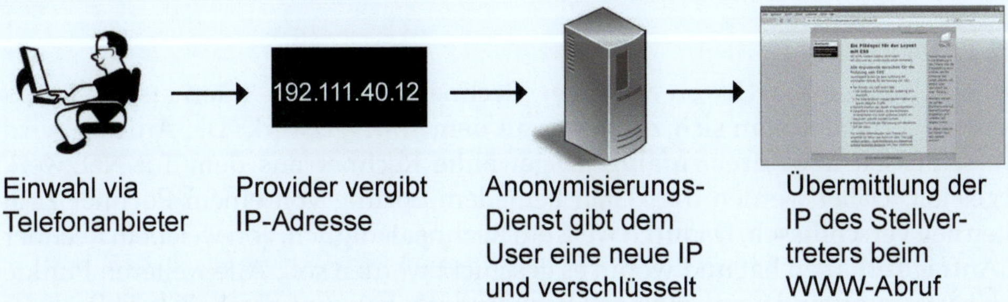

Abb. 13: Funktionsprinzip von Anoymisierungs-Diensten

Um das Ziel der virtuellen Tarnkappe zu erreichen, gibt es drei unterschiedliche technische Ansätze:

1. Tor-Netzwerk (sog. Onion-Routing)
2. JonDonym (sog. Mix-Kaskaden)
3. VPN-Server (sog. verschlüsselter Tunnel)

Jeder dieser Ansätze hat bestimmte Vor- und Nachteile, die wir nachfolgend diskutieren werden.

Technische Notwendigkeit der IP-Adresse

Vorab wollen wir uns der Frage widmen, warum überhaupt eine IP-Adresse im Internet benötigt wird. Würde der Browser erst gar nicht die IP-Adresse übertragen, könnte der Seitenbetreiber sie auch nicht speichern. Leider ist sie aber für die Kommunikation im Internet zwingend notwendig. Das Internet ist nichts anderes als ein Verbund von Millionen Rechnern. Damit in diesem Netz kommuniziert werden kann, benötigen alle Beteiligten eine eindeutige Anschrift - und genau das ist die IP-Adresse Ihres Computers. Im Grunde genommen ist dieser Vorgang mit dem Versand eines herkömmlichen Briefes mit der Post vergleichbar. Man packt den Inhalt in ein Kuvert und schreibt die Adresse drauf. Nur anhand der Adresse weiß die Post, an wen sie das Schreiben zustellen soll. Erwartet man eine Rückantwort oder eine Meldung, wenn der Brief nicht zustellbar war, muss man zusätzlich seinen Absender angeben. Im Internet werden statt Briefe Datenpakete verschickt, die Zustellung erfolgt anhand der IP-Adresse. Im Unterschied zur Post enthalten die Datenpakete allerdings auch immer den Absender, also die IP-Adresse des Rechners, von dem sie losgeschickt wurden. Der grundsätzliche Ansatzpunkt, um anonym zu surfen, besteht deshalb darin, die eigene IP-Adresse zu verschleiern. Wie das im Einzelnen funktioniert, wird nachfolgend erklärt.

Ansatz 1: Tor-Netzwerk

Tor ist ein Netzwerk weltweit verteilter Rechner. Statt eine Internetseite direkt aufzurufen, verbindet man sich zunächst mit dem Tor-Netzwerk. Die Anfrage wird nun verschlüsselt über drei zufällig ausgewählte Rechner aus dem Tor-Netzwerk weitergeleitet. Dabei werden die Daten bei jedem Sprung von einem Rechner zum nächsten neu verschlüsselt. Dadurch weiß ein Rechner lediglich, von welchem Rechner es die Anfrage erhalten hat und wohin es geschickt werden soll. Alle weiteren Punkte in der Übertragung sind dem einzelnen Rechner nicht bekannt, weshalb kein Rechner den gesamten Weg einer Anfrage kennt.

Zugegeben, diese abstrakte Erklärung wird nicht jeder Leser sofort verstehen. Übertragen wir deshalb unser obiges Post-Beispiel auf das Tor-Netzwerk. Wiederum schreiben Sie einen Brief und adressieren ihn. Nur diesmal schicken Sie diesen Brief nicht sofort los, sondern suchen sich aus dem Telefonbuch die Anschrift von zwei weiteren Postämtern heraus. Den Brief verpacken Sie in zwei zusätzlichen Umschlägen und geben ihn bei Ihrem örtlichen Postamt auf. Nun passiert Folgendes:

> <u>Postamt 1:</u> Der Mitarbeiter in Ihrem örtlichen Postamt, der zufällig ein ehemaliger Schulkollege von Ihnen ist, nimmt den Brief entgegen. Er kennt zwar Ihre Identität (Absender), sieht aber anhand der Adressierung lediglich das andere

Postamt 2 als Empfänger.

Postamt 2: Ein Mitarbeiter öffnet den Brief, der keinen Absender enthält. Er holt einen Umschlag heraus, der an Postamt 3 gerichtet ist. Der Mitarbeit weiß lediglich, dass er einen Brief von Postamt 1 erhalten hat, der an Postamt 3 gehen soll. Er kennt aber weder den wahren Absender noch den wahren Empfänger.

Postamt 3: Ein Mitarbeiter öffnet den Brief ohne Absender und zieht einen Umschlag heraus, auf dem die Adresse des wahren Empfängers steht. Er kennt aber weder den ursprünglichen Absender noch den Weg, den der Brief bisher genommen hat.

Wenn Sie das Grundprinzip verstanden haben, können wir uns den Details zuwenden. Doch was müssen Sie im Einzelnen tun, um das Tor-Netzwerk zu nutzen? Vier Schritte sind notwendig:

1. Sie installieren auf Ihrem Computer (Client) eine Software, den sogenannten Onion-Proxy. Dieses Programm verbindet sich mit dem Tor-Netzwerk. Das Programm lädt eine Liste aller vorhandenen Rechner im Tor-Netzwerk (Server) herunter.
2. Wenn die Liste empfangen wurde, wählt der Onion-Proxy eine zufällige Route über die Tor-Server.
3. Ihr Client verbindet sich nun mit dem ersten Tor-Server und handelt mit ihm eine individuell verschlüsselte Verbindung aus. Die Kommunikation zwischen den beiden folgenden Serverknoten ist ebenfalls individuell verschlüsselt und kein Server kennt sowohl Ausgangs- als auch Endserver.
4. Der letzte Server tritt als Endpunkt der Kommunikation auf, weshalb er als Exit-Server bezeichnet wird. Nur er kommuniziert mit der Website und übermittelt seine IP.

Tor ist übrigens die Abkürzung für „The Onion Router“. Von der Einhüllung der Datenpakete in mehrfache Verschlüsselungsschalen leitet sich der Begriff „Onion“ (engl. für „Zwiebel“) her.

Was kostet Tor?

Sowohl die Software wie auch die Nutzung des Netzwerks ist kostenlos. Das Tor-Projekt ist eine amerikanische Non-Profit-Organisation und finanziert sich durch private Spenden. Einen Tor-Server kann jeder, der es möchte, betreiben.

Wie sicher und anonym ist Tor?

Die Tor-Software gilt unter Experten als ausgereift und sicher[70]. Beigetragen dazu hat die Tatsache, dass es sich um freie Software handelt, deren Quellcode von jedermann, der sich dazu berufen fühlt, eingesehen und überprüft werden kann. Mögliche Schwachstellen oder Sicherheitsmängel können deshalb schnell von der Community bemerkt werden. Im Gegensatz zu kommerziellen Softwareanbietern liegen die Karten offen, und Sie müssen nicht der Kompetenz und dem Leumund eines gewinnorientierten Unternehmens blind vertrauen.

Die Kommunikation zwischen den Serverknoten kann grundsätzlich als sehr sicher angesehen werden. Sie läuft mehrfach verschlüsselt ab und kein Server kennt sowohl Ausgangs- als auch Endserver.

Ferner gibt es, bedingt durch das dezentrale Konzept, auch keinen zentralen Punkt, an dem Sperr- oder Abhörmaßnahmen installiert werden könnten, die sofort sämtliche Nutzer betreffen würden.

Allerdings steht und fällt die tatsächliche Sicherheit mit der Anzahl der Server (derzeit gibt es weit über tausend). Theoretisch könnte eine Person oder ein Geheimdienst sehr viele Tor-Server betreiben. Verbindungen, die ausschließlich über drei von ihr kontrollierte Knoten laufen, könnten dadurch aufgedeckt werden. Praktisch ist die Identität vieler Organisationen, die einen Server betreiben, bekannt (z. B. Chaos Computer Club[71]), wodurch eine ausreichende Durchmischung sichergestellt wird.

Ein handfestes Problem hingegen sind die sog. Exit-Server. Die Übertragung der Daten im Internet durch das Tor-Netz erfolgt zwar verschlüsselt, der **letzte** Server erhält sämtliche Daten (wie etwa Passwörter) unverschlüsselt, um sie ins Internet verschicken zu können. Da jeder einen solchen Server betreiben darf, könnte ein manipulierter Exit-Server die unverschlüsselten Daten analysieren und so etwa an Passwörter gelangen. Zwar bleibt die Identität des Surfers weiterhin verborgen, nicht jedoch seine Anfrage. Und aus der lassen sich schnell Rückschlüsse zur Identität ziehen, beispielsweise wenn die über einen Webmailer abgerufenen E-Mails mitgeschnitten werden[72].

Dieses Problem kann allerdings sehr einfach von Ihnen selbst gelöst werden: Übertragen Sie sensible Daten grundsätzlich nur über eine **verschlüsselte Verbindung**!

70. Vgl. Security-Audit: http://www.heise.de/security/meldung/Anonymisierungssoftware-TOR-ohne-bekannte-Fehler-197023.html
71. http://www.ccc.de/anonymizer/
72. So wurde ein Fall bekannt, in dem Exit-Server mit Passwort-Sniffern ausgestattet wurden, die den durchgehenden Datenverkehr analysierten: http://www.heise.de/security/meldung/Zugangsdaten-fuer-Regierungs-Mail-Accounts-veroeffentlicht-169765.html

Eine verschlüsselte Verbindung können Sie an der Adressleiste in Ihrem Browser erkennen.

Unverschlüsselte Internetadressen beginnen lediglich mit **http**.

Beispiel: http://www.google.com/

Verschlüsselte Internetadressen beginnen hingegen mit **https**.

Beispiel: https://www.google.com/

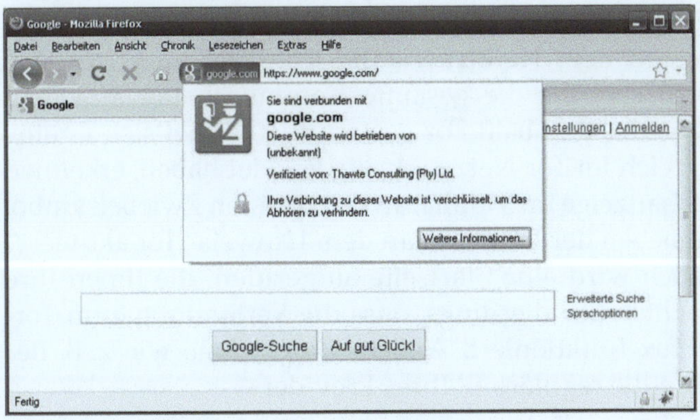

Abb. 14: Wird die Datenübertragung verschlüsselt, ist der linke Teil der Adressleiste blau oder grün eingefärbt, die URL beginnt mit https und in der Statusleiste wird ein Schloss-Symbol angezeigt. Klickt man auf den eingefärbten Teil, werden detailinformationen zum Zertifikat angezeigt.

Fairerweise muss man darauf hinweisen, dass diese Problematik nicht Tor-spezifisch ist. Sensible Inhalte sollten Sie selbstverständlich auch außerhalb des Tor-Netzwerkes nur über eine verschlüsselte Verbindung übertragen. Unverschlüsselte Daten sind vergleichbar mit der Sicherheit einer Postkarte. Jeder, der an der Übermittlung der Daten beteiligt ist (z. B. Rechenzentren des Internetproviders, Internet-Knoten, Firmennetzwerk des Arbeitgebers), kann die Datenpakete abfangen und auslesen[73].

Geschwindigkeit von Tor

Die Geschwindigkeit ist der eigentliche Schwachpunkt von Tor. Leider verlangsamt sich die Verbindung durch das mehrfache Weiterleiten über die Tor-Server drastisch. Beim normalen Surfen im Internet sind deutliche Verlangsamungen bemerkbar, die

73. Genauere Erklärung, wie die verschlüsselte Übertragung von Daten zwischen Browser und Webserver funktioniert: http://www.softed.de/fachthema/https.aspx

meistens jedoch erträglich sind. Beim Download von größeren Dateien müssen Sie hingegen erhebliche Geduld mitbringen. Bedenken sollte man allerdings stets, dass es sich um einen komplett kostenlosen Service handelt.

Wie installiere und benutze ich Tor?

Auf der deutschsprachigen Projektseite finden Sie fertig geschnürte Softwarepakete, die alle notwendigen Komponenten enthalten. Für Windows gibt es neben der normalen Variante, die eine Installation erfordert, auch eine installationsfreie (portable). Eigentlich ist diese Variante zur Mitnahme auf einem USB-Stick gedacht, wenn man an fremden Rechnern arbeitet. Da sich beide Varianten nicht in ihrer Funktionalität unterscheiden, laden Sie fürs erste Kennenlernen die installationsfreie herunter und entpacken Sie die exe-Datei mit einem Doppelklick. Danach wechseln Sie in das entpackte Verzeichnis und starten die Datei „Start Tor Browser.exe". Nun startet zunächst ein Programm mit dem Namen Vidalia. Hierbei handelt es sich um eine grafische Benutzeroberfläche, die die gesamte Kommunikation mit dem Tor-Netzwerk abwickelt und überwacht. Sobald Tor gestartet ist, öffnet sich Firefox automatisch. Dass Sie sich erfolgreich im Tor-Netzwerk angemeldet haben, erkennen Sie an mehreren Details: der Statusanzeige im Vidalia, an dem grünen Zwiebelsymbol in der Systemleiste (rechts unten neben der Uhr) und an dem Hinweis „Tor aktiviert" rechts unten im Firefox. Zusätzlich wird eine Startseite aufgerufen, die Ihnen Ihre aktuelle IP-Adresse anzeigt. Beachten Sie allerdings, dass die Verbindung zum Tor-Netzwerk **nur über diesen Firefox** funktioniert! Andere Programme wie z. B. der Internet Explorer nutzen weiterhin die reguläre IP Ihres Providers.

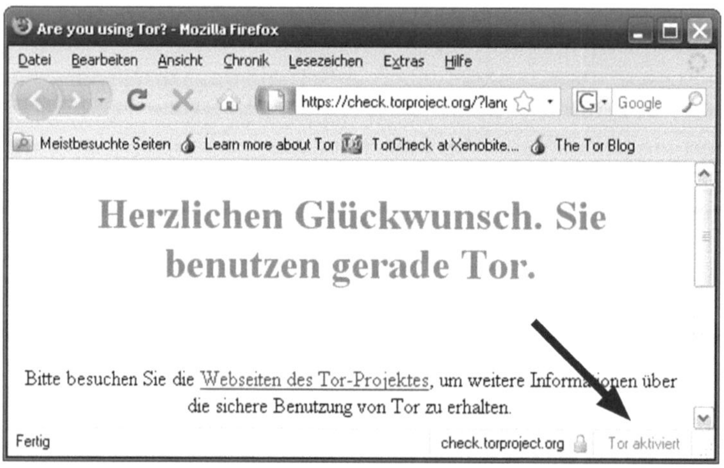

Abb. 15: Firefox signalisiert, dass Sie sich erfolgreich im Tor-Netzwerk angemeldet haben.

Sonstiges
Wenn der Seitenaufbau quälend langsam ist, kann es hilfreich sein, die Verbindung erneut über andere Server aufbauen zu lassen. Klicken Sie im Vidalia auf „Neue Identität verwenden" (alternativ können Sie auch in der Systemleiste mit der rechten Maus auf das Zwiebelsymbol klicken).

Abb. 16: Tor lässt sich mit dem Vidalia Kontroll-Panel bequem administrieren.

Einige Websites (z. B. YouTube) funktionieren nicht richtig, da aktive Inhalte wie Flash und Java unbemerkt die Anonymität aufheben können, indem sie am Tor-Netzwerk vorbei eine Verbindung zum besuchten Webserver aufbauen oder die lokale IP-Adresse abfragen. Deshalb unterdrückt Torbutton (Schnittstelle zwischen Firefox und Tor) konsequenterweise das Ausführen bzw. Nachladen solcher aktiven Inhalte[74].

Ansatz 2: JonDonym
JonDonym ähnelt in seiner Funktionsweise stark dem Tor-Netzwerk. Auch hier ruft der Anwender die Internetseite nicht direkt auf, sondern verbindet sich mithilfe einer Software (JonDo) zunächst mit einem Dienst (JonDonym). Dieser verschlüsselt die Anfragen schichtweise und leitet sie an mehrere vordefinierte Server weiter. Nur der letzte Server in der Kette kommuniziert mit der Internetseite und übermittelt seine IP.

74. Auch wenn Ihre Anonymität dadurch evtl. nicht mehr gewährleistet ist, können Sie die Standardeinstellungen im Firefox über Extras – Add-ons – Torbutton Einstellungen – Registerkarte Sicherheitseinstellungen anpassen, vgl. http://www.torproject.org/torbutton/torbutton-options.html.en.

Im Vergleich zum Tor-Netzwerk gibt es zwei entscheidende Unterschiede:

1. Tor basiert auf dem Netzwerkgedanken: Jeder kann einen Tor-Server betreiben, und erst durch eine hohe Anzahl der Server wird eine ausreichende Durchmischung erreicht. Bei JonDonym gibt es hingegen nur einige wenige Server (sog. Mixe), und die Reihenfolge der Mixe (sog. Mixkaskade) ist fest vorgegeben.
2. Der Nachteil der wenigen Server wird in einen Vorteil verwandelt: Vor der Weiterleitung vermischt jeder Server die Daten mit den Daten der anderen Teilnehmer. Da viele Anwender den Dienst gleichzeitig benutzen, werden die Internetverbindungen jedes Benutzers unter denen aller anderen Benutzer versteckt.

Was kostet JonDonym?

Die Software sowie die Benutzung der Mixe sind prinzipiell kostenlos. Darüber hinaus gibt es kostenpflichtige Premium-Mixe. Diese zeichnen sich durch eine höhere Geschwindigkeit und Sicherheit aus (drei statt zwei Mixe, die über mehrere Länder verteilt sind).

In der kostenpflichtigen Version variieren die sehr moderaten Preise in Abhängigkeit vom Transfervolumen. So kosten beispielsweise 1500 MB Übertragungsvolumen (reicht für ca. 3000 Seitenaufrufe) lediglich zehn Euro[75]. Die Bezahlung ist nur im Voraus möglich und wahlweise auch vollkommen anonym. So kann man beispielsweise mit der Prepaid-Karte Paysafecard bezahlen, die in vielen Tankstellen und Drogeriemärkten erhältlich ist[76].

Geschwindigkeit von JonDonym

In der kostenlosen Version ist der Seitenaufbau meistens quälend langsam. Bei unseren Stichproben bauten sich häufig Seiten erst nach über einer Minute auf, das Downloaden größerer Dateien war praktisch gar nicht möglich.
Die kostenpflichtige Mixkaskade arbeiteten hingegen stets zügig. Sowohl der Seitenaufbau wie auch der Transfer größerer Dateien erfolgte in noch annehmbarer Geschwindigkeit.

Wie sicher und anonym ist JonDonym?

Ein Vorteil gegenüber Tor ist, dass die Betreiber der Server bekannt sind und sich einer Identitäts- und Seriositätsprüfung unterziehen müssen. Verbindungsdaten

75. https://www.jondos.de/de/payment
76. http://www.paysafecard.com/

werden von allen Beteiligten grundsätzlich nicht gespeichert. Die DNS-Auflösung erfolgt vollständig über JonDonym.

Die Kommunikation zwischen den Servern läuft mehrfach verschlüsselt ab und kein Server kennt sowohl Ausgangs- als auch Endserver. In der kostenpflichtigen Version werden drei statt zwei Mixe verwendet, was eine zusätzliche Absicherung der Anonymität bewirkt.

Der Quellcode des Programms ist einsehbar und damit überprüfbar.
Eine **nachträgliche** Zuordnung der Kommunikation ist nur dann möglich, wenn der Verkehr von allen beteiligten Servern aufgezeichnet wird. Und genau das ist der eigentliche Schwachpunkt. Einige der Mixe (insbesondere die kostenlosen) haben ihren Standort in Deutschland und müssen eventuell Vorratsdatenspeicherung betreiben[77]. Im Klartext bedeutet das: Die Anonymität ist nicht mehr zweifelsfrei gewährleistet, wenn man ausschließlich deutsche Mixbetreiber verwendet. In der Praxis lässt sich das aber sehr einfach umgehen, indem man mindestens einen ausländischen (speicherfreien) Mixbetreiber verwendet. Eine rückwirkende Aufdeckung ist dadurch unmöglich.
Denkbar wäre ferner, dass ein deutscher Staatsanwalt die Überwachung **zukünftiger** Verbindungen anordnet. Da die Mixbetreiber in Eigenregie agieren, müsste jeder Betreiber einzeln in den verschiedenen Ländern zu dieser Maßnahme verpflichtet werden, was im Ausland wohl an der Durchsetzbarkeit scheitert. Verwenden Sie deshalb immer (mindestens) einen internationalen Mix.

Bedenken sollte man ferner, dass die Daten vom letzten Server unverschlüsselt ins Internet übertragen werden. Beachten Sie deshalb die beim Tor-Netzwerk gemachten Ausführungen zum Exit-Server.

Wie installiere und benutze ich JonDonym?

Laden Sie sich die **JonDo-Software** für Ihr Betriebssystem herunter[78]. Windows Nutzer können zwischen einer lokalen und einer portablen Version wählen. Prinzipiell können Sie mit jedem Browser auf dem JonDonym-Dienst zugreifen[79]. Einfacher ist

77. Zumindest die, die im Gegensatz zu den Tor-Servern kommerziell (gegen Entgelt) betrieben werden, vgl. §§ 113a Abs. 6, 3 Nr. 24 TKG.
78. http://anonymous-proxy-servers.net/de/jondo/download
79. Zur Konfiguration beliebiger Browser vgl. https://anonymous-proxy-servers.net/de/help/browser.html.

es jedoch, zum Surfen den sog. **JonDoFox-Browser**[80] zu verwenden. Hierbei handelt es sich nicht, wie es der Name vermuten lässt, um einen eigenständigen Browser, sondern um ein speziell auf den Dienst abgestimmtes und auf Sicherheit optimiertes Profil für Firefox. JonDoFox integriert sich wahlweise als zusätzlich Profil in Ihr lokal installiertes Firefox-Programm (ohne Ihr bisheriges Profil zu überschreiben) bzw. ist alternativ auch als portable Version verfügbar.

Nach dem Start meldet sich die JonDo-Software automatisch am Dienst an. Achten Sie darauf, dass „Anonymität" auf „Ein" gestellt und im Statusfenster „Connected" angezeigt wird. Über das Ausklappmenü „Dienste" können Sie verschiedene Mixkaskaden auswählen. Anhand der Landesflagge erkennen Sie den Standort des Mix. Unter dem Punkt „Betreiber" finden Sie ebenfalls Landesflaggen, anhand derer Sie erkennen können, in welchem Land der Mixbetreiber seinen Sitz hat.

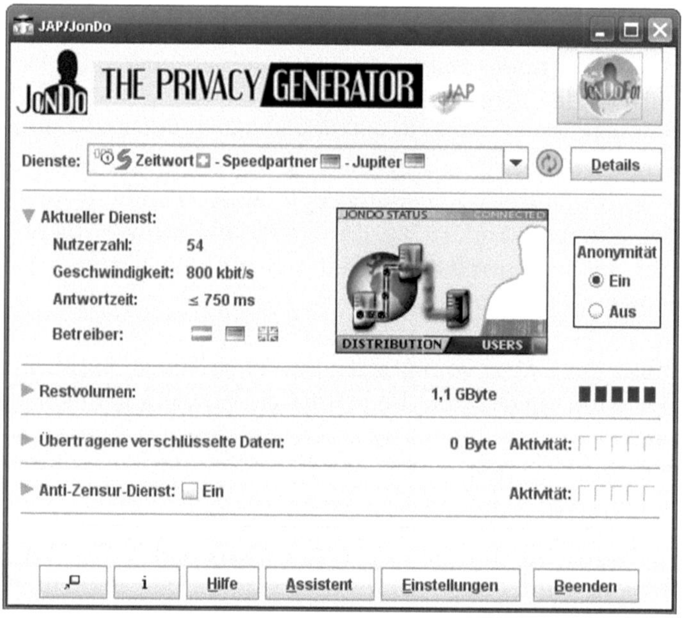

Abb. 17: Die Progammöberfläche der JonDo-Software.

Starten Sie nun den JonDoFox-Browser. Klicken Sie oben in der Lesezeichen-Symbolleiste auf „Test der Anonymität" und überprüfen Sie mithilfe von Anontest Ihre aktuelle IP-Adresse.

80. https://anonymous-proxy-servers.net/de/jondofox/download

Sonstiges

Während Torbutton eine selbst entwickelte Einheitslösung ist, setzt JonDoFox auf bewährte Add-ons wie NoScript. Nach unseren Tests bieten beide Produkte ein Höchstmaß an Sicherheit, sofern die Standardeinstellungen nicht verändert werden. Auch JonDoFox unterdrückt von Haus aus das Ausführen bzw. Nachladen von aktiven Inhalten wie Flash oder Java, weshalb manche Websites nicht richtig funktionieren. Allerdings ist die Handhabung durch NoScript komfortabler, da Sie für vertrauenswürdige Seiten fallweise aktive Inhalte erlauben können (z. B. setzt Onlinebanking häufig aktiviertes Java voraus).

Ansatz 3: VPN-Server (verschlüsselter Tunnel)

Beim anonymen VPN (virtuelles privates Netzwerk) wird die Datenkommunikation bereits auf dem Rechner des Anwenders in ein verschlüsseltes VPN-Protokoll gepackt und an den Server des VPN-Anbieters übermittelt. Dieser kommuniziert mit der Website und übermittelt seine IP-Adresse.

Im Gegensatz zu Tor und JonDonym wird die Kommunikation nicht schichtweise über mehrere Server abgewickelt. Stattdessen besteht lediglich ein verschlüsselter Tunnel zwischen Ihrem PC und dem Server des VPN-Anbieters.

Was kostet VPN?

Die Dienste werden fast ausschließlich gegen Entgelt von kommerziellen Anbietern angeboten. Meistens wird für eine monatliche Nutzung eine Pauschale verlangt, die durchschnittlich bei fünf bis 15 Euro liegt, teilweise wird auch nach Übertragungsvolumen abgerechnet. Eine Übersicht gängiger Anbieter finden Sie bei Censorship[81].

81. http://en.cship.org/wiki/VPN

Abb. 18: Der VPN-Anbieter Anonine erklärt auf seiner Homepage die Funktionsweise seines Dienstes.

Geschwindigkeit von VPN

Bei den meisten Anbietern ist die Geschwindigkeit deutlich höher als bei Tor und JonDonym, da das mehrfache Weiterleiten über verschiedene Server entfällt. Beim Testen diverser Anbieter stellten wir allerdings enorme Unterschiede beim Datendurchsatz fest. Während die Geschwindigkeit beim normalen Surfen fast ausnahmslos gut war, schwankte sie beim Up- und Download größerer Dateien erheblich.

Wie sicher und anonym ist VPN?

Das Risiko, die anonyme Identität zu verlieren, ist bei der Nutzung von VPN-Diensten erheblich größer als bei Tor und JonDonym. Die Begründung hierfür liegt im Aufbau des Systems: Start- und Endpunkt der Kommunikation ist **lediglich ein Server**. Dadurch kann der VPN-Anbieter die Dinge mitloggen, die ohne Schutzmaßnahmen Ihr Internetprovider sehen würde: Ihre IP-Adresse, Ihre Zielseiten und den kompletten Inhalt der Kommunikation (sofern Sie keine HTTPS-Verbindung benutzen). Dem Missbrauch wird damit Tür und Tor geöffnet: Der Betreiber könnte theoretisch sämtlichen Datenverkehr auswerten oder an die Strafverfolgungsbehörden weiterleiten. Insbesondere deutsche Anbieter sind problematisch, da sie per Gesetz oder einer richterlichen Anordnung zur Speicherung gezwungen werden könnten. Auch bei ausländischen Diensten ist die Seriosität schwer nachprüfbar: Denkbar wäre sogar, dass hinter dem Betreiber eine staatliche Institution (z. B. ein Geheimdienst) oder organisierte Kriminalität steckt. Auch wenn einige Anbieter in einschlägigen Foren einen scheinbar tadellosen Ruf besitzen, bleibt stets ein Restrisiko.

Tor und JonDonym unterdrücken standardmäßig die Ausführung aktiver Inhalte, da diese unbemerkt die IP-Adresse übertragen können, indem sie sogar am Anonymisierdienst vorbei eine Verbindung zum besuchten Webserver aufbauen oder die lokale IP-Adresse abfragen[82]. Manche Websites sind deshalb nicht mehr funktionsfähig. Anonymisierende VPNs sorgen dafür, dass sämtlicher Datenverkehr durch die Tunnelverbindung geschleust wird. Dadurch wird auch bei Nutzung der Browser-Plugins stets die IP-Adresse des VPN-Anbieters übermittelt.

Halten wir also fest: Der Einsatz ausländischer, speicherfreier VPNs ist somit sinnvoll, wenn Sie

- mit hoher Geschwindigkeit
- Internetseiten mit einer fremden IP aufrufen möchten,
- der Internetprovider nur verschlüsselten Datenverkehr mitbekommen soll,
- es aber hinnehmbar ist, dass der VPN-Anbieter im Zweifel meine Aktionen mitbeobachten kann.

Wie installiere und benutze ich VPN?

Die notwendigen Protokolle (z. B. PPTP) werden von allen gängigen Betriebssystemen nativ unterstützt. Somit kann eine Verbindung ohne zusätzliche Software aufgebaut werden. Entsprechende Anleitungen finden Sie bei dem jeweiligen Anbieter. Wegen weitreichender Einstellungsoptionen[83] wird allerdings häufig die Verbindung mithilfe der Software OpenVPN[84] aufgebaut. Einige Anbieter bieten alternativ eigene Softwarelösungen an, die ohne Zutun des Anwenders eine VPN-Verbindung aufbauen[85].

82. Diese sog. Leaks betreffen Nutzer von Anonymisierern wie Tor oder JonDonym. Allerdings ist es kein direktes Problem der Anonymisierungsdienste, sondern der aktiven Inhalte, die sich nach außen wie ein SOCKS- oder HTTP-Proxy verhalten.
83. Z. B. kein Versenden anstehender Pakte über die normale Verbindung bei einem Zusammenbruch des VPN-Tunnels oder das Verhindern eines DNS-Leaks.
84. http://www.openvpn.net/
85. Egal wie Sie die Verbindung einrichten, es sollte immer eine Überprüfung auf eventuell vorhandene Leaks erfolgen, z. B. unter http://decloak.net/.

Grundsatzfrage: Ist anonymes Surfen überhaupt rechtlich zulässig?

Als Anwender macht man sich durch die Nutzung eines Anonymisierungsdienstes keinesfalls strafbar oder verhält sich in irgendeiner Form rechtswidrig. Der Gesetzgeber ordnet die anonyme oder pseudonyme Nutzung des Internets sogar ausdrücklich an. So heißt es in § 13 Abs. 6 Telemediengesetz: „Der Diensteanbieter hat die Nutzung von Telemedien und ihre Bezahlung anonym oder unter Pseudonym zu ermöglichen, soweit dies technisch möglich und zumutbar ist." Kein Anbieter darf also grundsätzlich IP-Adressen speichern, und kein Nutzer muss sie grundsätzlich preisgeben. Insofern ermöglichen Anonymisierungsdienste die Umsetzung der gesetzlichen Vorgaben und stellen für den Bürger eine Möglichkeit dar, sein „Recht auf Anonymität" im Internet zu praktizieren.

Häufig zu hören ist in diesem Zusammenhang das Argument, dass Anonymisierungsdienste auch von Kriminellen genutzt werden, um sich dadurch der Strafverfolgung zu entziehen. Nun, eine missbräuchliche Nutzung des Anonymisierungsdienstes ist natürlich nicht auszuschließen. Selbstverständlich ist es möglich, dass beispielsweise kinderpornografisches Material auf diesem Wege ausgetauscht wird. Anonym handelnde Menschen sind innerhalb wie außerhalb des Internets eine Herausforderung bei der Strafaufklärung. Doch sollte deswegen jede Aktivität vorsorglich aufgezeichnet werden, nur weil im Falle einer Straftat die Strafermittlungen leichter möglich wären? Kinderpornografie kann genauso in der realen Welt, etwa in einem Café per CD, ausgetauscht werden. Dennoch käme niemand auf die Idee, deswegen sämtliche Cafés präventiv zu überwachen. Die Interessen der Strafverfolgungsbehörden müssen sich an vielen Stellen dem Recht auf informationelle Selbstbestimmung unterordnen - in der realen wie in der virtuellen Welt. Daraus zu folgern, das Internet sei automatisch ein rechtsfreier Raum, ist ein Trugschluss.

Nachwort:
Der Google-Deal: In Wahrheit eine Win-win-Situation?

Bis zu diesem Punkt haben wir uns vor allem kritisch mit dem Google-Konzern auseinandergesetzt. Wir haben gelernt, dass es geradezu ihr Kerngeschäft ist, alle Informationen über einen Nutzer zu sammeln und zu verknüpfen, um möglichst präzise vorherzusagen, wofür dieser sich interessiert, was er wohl kaufen wird. Schließlich wird der ganze Aufwand mit den zahllosen Google-Diensten nur deshalb betrieben, um noch passgenauer Werbung servieren zu können. Und natürlich ist es nicht per se verwerflich, Geld verdienen zu wollen. Wirklich kritisch für die eigene Person kann der Rückgriff auf die gehorteten Daten allenfalls werden, wenn staatliche Ermittler bei Google anklopfen.

Dennoch würde man es sich zu einfach machen, wollte man Google allein auf das Klischee des Bösewichts reduzieren. Abschließend möchte ich deshalb die Frage aufwerfen, ob man die tollen Gratisdienste des Webgiganten nicht eher als moderne Variante eines faustischen Paktes auffassen sollte, bei der beide beteiligten Seiten einen Nutzen erzielen. Die meisten Anwender stecken nämlich in einem Dilemma: Einerseits möchte kaum jemand mehr auf die Google-Angebote verzichten, andererseits soll die Datenspur, die man hinterlässt, möglichst gering sein.

Auflösen lässt sich dieser Konflikt kaum. Leider ist es eine Tatsache, dass insbesondere die personalisierten Suchergebnisse von Google einen Mehrwert im Alltag bieten. Nachvollziehen kann das jeder, der nach Begriffen recherchiert, für die es mehrere Bedeutungen gibt. Wenn ich nach dem Begriff „Föhn" suche, kann Google nicht wissen, ob ich nach der Wettererscheinung oder dem Elektrogerät suche. Passender wird das Ergebnis, wenn Google aus den letzten Suchanfragen den korrekten Kontext ableiten kann, etwa wenn ich mich zuvor über das Thema „Wetterfühligkeit" informiert habe. Halte ich nun zusätzlich meine Lesezeichen bei Google synchron, werden gleich die passenden Lesezeichen beim Suchergebnis angezeigt. Auch eine dabei eingeblendete Werbung kann, sofern sie wirklich zum Kontext passt, durchaus zielführend sein. Die Frage ist nun, ob ich bereit bin, für diesen (exemplarisch herausgepickten) Mehrwert ein Stück meiner Privatsphäre aufzugeben. Konkret sieht der Kuhhandel wie folgt aus: Ich nutze die Angebote von Google, beanspruche ihre Infrastruktur, ihren Speicherplatz und Traffic und im Gegenzug gebe ich Informationen von mir preis und nehme Werbung in Kauf. Ob es sich dabei um einen fairen Tausch auf Augenhöhe handelt, genau diese Frage muss jeder für sich selbst beantworten.

Google ist keine gemeinnützige Stiftung, sondern ein gewinnorientierter Konzern, dessen Wert zurzeit auf mehr als 110 Milliarden US-Dollar beziffert wird. Unabhängig von dem eingangs erwähnten Firmenmotto aus Gründertagen ist die Kapitalgesellschaft grundsätzlich weder gut noch böse. In Wahrheit will und muss sie mithilfe ihrer Kunden Geld verdienen. Insofern sind die gesammelten Nutzerdaten nicht mehr und nicht weniger als eine stille Kapitalreserve.

Es gibt gute Gründe, die Dienste von Google zu nutzen, und ebenso gute Gründe sie zu meiden. Sollte Sie eher ein ungutes Gefühl beschleichen, sollten Sie Letzteres tun.

Buchtipp:

Möchten Sie lernen, Ihre eigene Internetseite
von Grund auf selbst zu entwickeln?
Dann müssen Sie dieses Buch lesen!

An wen richtet sich das Buch?

- Anfänger, die standardkonformes Webdesign gemäß den Vorgaben des W3C erlernen möchten
- Webworker, die schon Erfahrung mit HTML und CSS haben, manchmal aber vor "scheinbar" unlösbaren Problemen stehen
- Frontendentwickler, die bisher nur mit WYSIWIG-Editoren gearbeitet haben
- Blogger, die das Design ihrer Redaktionssoftware (z. B. Wordpress oder Joomla) endlich verstehen und anpassen möchten

Lernen leicht gemacht:
Didaktisch ist das Buch nach dem Motto "so wenig Theorie wie nötig, so viel Praxis wie möglich" konzipiert. Um dem Anspruch gerecht zu werden, entwickelt der Autor einem fiktiven Internauftritt in über fünfzig Einzelschritten. Grundlagen und Probleme werden stets am Beispielprojekt verdeutlicht. Dadurch erlernen Sie, Quelltexte selbst zu entwickeln, aber auch fremde Designs zu verstehen und zu verändern. Professionelles Webdesign wird so zum Kinderspiel!

Weitere Informationen finden Sie im Internet unter:
► **www.css-einfach.de**